O TARÔ ADIVINHATÓRIO

A CHAVE PARA A INTERPRETAÇÃO
DAS CARTAS E DOS DESTINOS

PAPUS

O TARÔ ADIVINHATÓRIO

A CHAVE PARA A INTERPRETAÇÃO DAS CARTAS E DOS DESTINOS

Com a Reconstrução Completa das
78 Lâminas do Tarô Egípcio e seu Método de Interpretação

*Ilustrações das cartas originais de Gabriel Goulinat
e Reproduções de pranchas raras e inéditas
de Etteilla e Éliphas Lévi*

Tradução
Karina Jannini

Editora Pensamento
SÃO PAULO

Título do original: *Le Tarot Divinatoire*.
Copyright © 1909 Papus, Librairie Hermétique, Paris, France.
Copyright da primeira edição brasileira © 1920 Editora Pensamento-Cultrix Ltda.

15ª edição 2022.

Todos os direitos reservados. Nenhuma parte deste livro pode ser reproduzida ou usada de qualquer forma ou por qualquer meio, eletrônico ou mecânico, inclusive fotocópias, gravações ou sistema de armazenamento em banco de dados, sem permissão por escrito, exceto nos casos de trechos curtos citados em resenhas críticas ou artigos de revista.

A Editora Pensamento não se responsabiliza por eventuais mudanças ocorridas nos endereços convencionais ou eletrônicos citados neste livro.

Editor: Adilson Silva Ramachandra
Gerente editorial: Roseli de S. Ferraz
Edição de texto: Adilson Silva Ramachandra
Revisão técnica: Leo Chioda
Gerente de produção editorial: Indiara Faria Kayo
Capa e projeto gráfico: Marcos Fontes / Indie 6 – Produção Editorial
Revisão: Adriane Gozzo

Dados Internacionais de Catalogação na Publicação (CIP)
(Câmara Brasileira do Livro, SP, Brasil)

Papus
    O tarô adivinhatório : a chave para a interpretação das cartas e dos destinos / Papus ; tradução Karina Jannini. -- 15. ed. -- São Paulo : Editora Pensamento, 2022.

    Título original : Le tarot divinatoire
    ISBN 978-85-315-2217-8

    1. Cartomância 2. Tarô I. Título.

22-112582
CDD-133.32424

Índices para catálogo sistemático:

1. Tarô : Artes adivinhatórias   133.32424
Cibele Maria Dias - Bibliotecária - CRB-8/9427

Direitos reservados
EDITORA PENSAMENTO-CULTRIX LTDA., que se reserva a
propriedade literária desta tradução
Rua Dr. Mário Vicente, 368 – 04270-000 – São Paulo – SP – Fone: (11) 2066-9000
http://www.editorapensamento.com.br
E-mail: atendimento@editorapensamento.com.br
Foi feito o depósito legal.

Nota Preliminar à Reestruturação de Textos da Nova Edição de *O Tarô Adivinhatório*

Em *Le Tarot Divinatoire*, obra publicada originalmente na França em 1909, Papus tinha o intuito de homenagear a leitura oracular, a famosa adivinhação. Para isso, compilou uma série de estudos influentes à crítica ocultista e aos círculos de estudos de magia e de cartomancia daquele período, reescrevendo ou mesmo replicando estudos de alguns pensadores, como Etteilla – através de suas obras mais antigas sobre leitura de cartas de baralho comum –, quando ainda não havia descoberto o tarô por meio do ensaio de Court de Gébelin ou do trabalho de Paul Christian, que escrevera sobre um suposto tarô de origem egípcia. Portanto, este livro traz uma série de referências sobre cartomancia, que, em determinados momentos, podem causar certo estranhamento no leitor não familiarizado com esses autores citados por Papus, o que amplia a obra como fonte de estudos e aprendizados deste que foi o primeiro tarô a ser publicado no Brasil.

É importante deixar claro como a presente obra, cotejada com a clássica edição brasileira, publicada por esta casa editorial e organizada por Antonio Olívio Rodrigues (AOR), primeiro astrólogo do Brasil e fundador da Editora Pensamento, foi reestruturada para evitar quaisquer equívocos aos que já conhecem as edições anteriores. Publicada no Brasil desde 1920, com várias edições e dezenas de reimpressões ao longo de mais de um século, *O Tarô Adivinhatório* soma hoje mais de 700 mil exemplares vendidos, o que mostra sua relevância e atualidade como uma das obras mais importantes para aprender a arte da cartomancia.

Para melhor aproveitamento desse estudo e de sua prática, recomenda-se enfaticamente atentar-se às notas do revisor técnico, para compreender termos e argumentos, ou, ainda, elucidar quaisquer passagens esotéricas ao longo do texto. A introdução original de Papus equivale ao Capítulo I das edições anteriores do *Tarô Adivinhatório*. Foram mantidas muitas das passagens originais de AOR e reveladas suas pesquisas, para simplificar o texto de Papus.

No Capítulo I, "A Constituição do Tarô" – que equivale ao Capítulo II das antigas edições do *Tarô Adivinhatório* —, Papus comenta a estrutura do baralho e apresenta suas teorias sobre o uso do tarô na adivinhação. Ainda que algumas de suas alegações possam parecer um tanto controversas sobre o que é tarô hoje, como a suposta origem egípcia do oráculo, transparece o manejo prático e filosófico do autor em relação ao seu objeto de estudo. As notas do revisor técnico vão ajudar os leitores a compreenderem seu raciocínio, abrangendo quaisquer informações e conceitos ou passagens obscuros no decorrer do texto.

No Capítulo II – que corresponde ao antigo Capítulo III de AOR –, Papus apresenta a estrutura do próprio baralho, elaborado por Gabriel Goulinat, apresentando duas lâminas: *A Justiça* e o *Dois de Copas*. A relevância é clara: mostrar como foi organizado o tarô com suas inúmeras informações – alfabetos, símbolos, signos, números e palavras-chave. Quanto mais o leitor se habituar com a formatação do *Tarô Adivinhatório*, maior e melhor será o aproveitamento deste livro e do uso do baralho.

O Capítulo III, cotejado com o Capítulo IV das edições anteriores desta obra, apresenta a combinação do texto de Papus com a tradução e a adaptação de AOR. Papus estipula o que representa cada um dos 22 Arcanos Maiores, assim como introduz o leitor às metodologias de tiragem das cartas. Essa seção da obra é bastante útil para consultas frequentes, já que orienta o leitor em relação aos princípios da cartomancia – organização da mesa, primeiros passos para a disposição das cartas e os vários processos de interpretação. Mas, quando se trata de Papus, todos os detalhes são intencionais, uma vez que seu propósito era criar um panorama das principais expressões da cartomancia em seu tempo, assim como servir de método de estudo popular sobre o assunto.

Ainda neste capítulo, o leitor vai se deparar com os atributos das 32 cartas do baralho comum, provavelmente o *piquet*, bastante popular na cartomancia francesa daquela época. Conforme foi dito, Etteilla difundiu a cultura dos manuais de significados dos baralhos comuns, que Papus chegou a considerar arte exclusiva para mulheres. A importância desses capítulos se preserva: com base neles, pode-se ter noção da pluralidade de significações, não apenas das cartas comuns de jogo, mas também da associação delas às cartas do Tarô. Para o autor, especificamente nesta obra, a cartomancia é uma prática abrangente, nunca restritiva.

O Capítulo III, um dos mais extensos do livro, equivale ao Capítulo V das edições anteriores, devidamente adaptado por AOR, com o acréscimo de alguns métodos de tiragem, como o de Madame Flonka, mantido nesta edição totalmente atualizada. Recomenda-se o estudo cuidadoso e frequente dessas propostas de disposição das cartas, ainda que o leitor deva estar atento às atribuições da quantidade de cartas que o autor estipula em determinados métodos, como o caso, já citado, das 32 cartas que correspondem aos baralhos comuns.

No Capítulo IV, Papus dá importância à arte de combinar as cartas. A esse procedimento, ele associa a excelência da cartomancia. Ainda que várias descrições pareçam um tanto esotéricas, o leitor deve atentar-se à sua premissa, que é apresentar possibilidades interpretativas, não conceitos inflexíveis ou definitivos, nos quais as associações eram feitas tanto pelo conhecimento dos símbolos quanto pela tradição oral das cartomantes, que o autor aqui celebra. Essa parte foi mantida em respeito ao original francês e à edição brasileira criada por AOR, que também a preservou no Capítulo VI das edições anteriores do *Tarô Adivinhatório*. Porém, ao leitor que deseja se utilizar do baralho que acompanha este livro, ao final desse capítulo, se encontram as "Combinações de Lâminas Diversas", uma série de significados anotados por AOR com os Arcanos Maiores e Menores.

No Capítulo V, que corresponde ao VIII e último das edições anteriores, Papus se dedica à teoria da Tábua Astrológica, tida como um dos métodos de leitura mais completos pela maioria dos cartomantes profissionais. Porém, o autor vai além de todas as publicações que até então descreviam esse procedimento: Papus expande as 12 casas para 36 – que, segundo AOR, nas edições anteriores, foi reconstituída de acordo com documentos egípcios —, ampliando seus contextos interpretativos. Deve-se levar em conta que Papus faz um apanhado das particularidades anotadas ou proferidas por cartomantes em relação às cartas, sob o pretexto da reconstrução do procedimento original egípcio. Para o leitor leigo em Astrologia, orienta-se um estudo à parte, e aprofundado, da própria roda zodiacal, esquema gráfico frequente aplicado ao tarô como tiragem.

No Capítulo VI, até então inédito no Brasil, Papus enfim apresenta um estudo dos significados dos 78 arcanos. A seção é inspirada nos comentários de d'Odoucet, um dos principais discípulos de Etteilla, a respeito do tarô deste último.

Por mais inusitado que pareça o autor se basear em outros sistemas oraculares para explicar o seu, é exatamente essa a dinâmica desta obra: oferecer ao público interessado um compêndio dos melhores comentadores de cartomancia, tido pelo autor como essencial à prática da adivinhação com as cartas, agregado às suas ideias e intenções. Nessa edição, foram incluídas algumas cartas e as pranchas inéditas do primeiro tarô de Etteilla, gravadas por Pierre-François Basan, para facilitar os estudos entre as imagens e o texto de Papus, baseado em d'Odoucet.

O Capítulo VII, que encerra o livro, é uma síntese de Papus acerca de uma das intenções: a de apresentar ao leitor o tarô aplicado à adivinhação, em homenagem às cartomantes e aos magistas que se dedicam a essa arte oracular. Depois, o autor assenta suas principais influências para consolidar os estudos esotéricos das cartas, baseando-se em seus ocultistas favoritos. Além das pranchas, até então inéditas, de Lévi sobre um suposto tarô indiano, aqui também se encontra uma seção chamada "A Leitura dos Tarôs", descrevendo processos de disposição das cartas que podem ser um pouco complexos ao leitor contemporâneo, embora se justifiquem pela intenção de Papus de expor o modo com que Etteilla operava em termos de cartomancia. Em seguida, o leitor toma contato com a descrição dos 22 Arcanos Maiores revelada por Paul Christian, que Papus considera imprescindível para apreender os vários sentidos dos símbolos. O volume termina com as pesquisas pessoais do autor e o fac-símile do baralho que acompanha esta obra.

A leitura e releitura do Prefácio e do Posfácio podem elucidar dúvidas e ajudar a aproveitar melhor o texto de Papus, e o de Antonio Olívio Rodrigues, mantido e celebrado em homenagem à vida longa do mais que centenário *Tarô Adivinhatório*.

Adilson Silva Ramachandra
editor do Grupo Editorial Pensamento, verão de 2022

Sumário

APRESENTAÇÃO DO EDITOR
O Tarô Adivinhatório – A História por trás do Primeiro Baralho de Tarô Editado no Brasil Através de suas Edições 13

PREFÁCIO À PRIMEIRA EDIÇÃO BRASILEIRA 19

O CENTENÁRIO DO TARÔ NO BRASIL E AS ORIGENS DE *O TARÔ ADIVINHATÓRIO*
Prefácio de Constantino K. Riemma e Leo Chioda 21

INTRODUÇÃO: *O TARÔ ADIVINHATÓRIO* – A CHAVE ABSOLUTA DE TODO OCULTISMO 29
A Gênese de Enoque 30
A *Ars Magna* de Raimundo Lúlio 31
Origens do Tarô 32
Os Sábios da Antiguidade. Os Sacerdotes Egípcios. "O Vício é Melhor que a Virtude para Manter uma Tradição" (AOR) 33

CAPÍTULO I – A Constituição do Tarô 37
As 14 Cartas que Compõem os Quatro Naipes 38

CAPÍTULO II – As 78 Lâminas do Tarô com Todas as suas Correspondências 41
Disposições dos Arcanos Maiores 41

CAPÍTULO III – A Interpretação, Tiragem e Leitura das Lâminas do Tarô....45
  Princípios Gerais..45
  Arcanos Maiores..45
    Significado do Ponto de Vista Adivinhatório................................45
    Base de Aplicação desses Dados. Estabelecendo a Sorte............47
    A Prática da Tiragem do Tarô..50
  O Tarô...53
    Modo de Proceder para Obter os Oráculos...................................53
    Sobre o Modo de Proceder para Obter os Oráculos.....................54
  Interpretações das 32 Cartas..57
    A Tiragem de Cartas por 15..61
    A Tiragem de Cartas por 21..62
    A Tiragem de Cartas por Três..62
    A Tiragem de Cartas por Sete..62
    A Tiragem de Cartas por 22 ou a Formação da Grande Estrela....63
  Processo da Célebre Madame Flonka (AOR)...................................64
    O Método Italiano..65
    Observações Gerais...67
    Método Original e Inédito de Etteilla para a Tiragem dos Tarôs....68

CAPÍTULO IV – As Combinações de Arcanos................................75
  Significado de Duas Cartas Lado a Lado no Conjunto do Baralho....76
  Significado Parcial das 32 Cartas...77
    Observando o Lado que se Encontra na Mão Direita..................80
    Observando o Lado que se Encontra na Mão Esquerda..............81
  Combinações de Cartas Três a Três..82
  Combinações de Lâminas Diversas...125
  Combinações Duas a Duas...125
  Combinações Três a Três..128
  Combinações Quatro a Quatro..129
  Combinações Cinco a Cinco...129
  Observação..141

**CAPÍTULO V – Combinação Entre Arcanos e Números:
A Tábua Astrológica**..143

**CAPÍTULO VI – Estudo Detalhado dos Sentidos Adivinhatórios
das 78 Lâminas, Segundo Etteilla e D'odoucet**........................161
    O Tarô de Etteilla – Comentado por d'Odoucet......................161
    Arcanos Maiores..162
    Arcanos Menores...173

**CAPÍTULO VII – Conclusão Geral – Pesquisas e Documentos Históricos –
Etteilla – Éliphas Lévi – Paul Christian – Papus – O Tarô Filosófico**..........203
    A Leitura dos Tarôs...204
    Éliphas Lévi...211
    Obras de Paul Christian...214
    O Livro de Hermes..214
    Significado dos 22 Arcanos Maiores..214
    Pesquisas Pessoais..230

**O LIVRO DOS MISTÉRIOS PARA DESVENDAR OS MISTÉRIOS DA VIDA –
POSFÁCIO DE LEO CHIODA**..237

SOBRE O AUTOR – PAPUS – DOUTOR GÉRARD ENCAUSSE........247

SOBRE ANTONIO OLÍVIO RODRIGUES..249
    O Primeiro Consultório de Astrologia do Brasil....................250
    Os Primeiros Periódicos Dedicados à Astrologia e ao Esoterismo....250
    A Fundação da Primeira Ordem Esotérica do Brasil.............251
    O Surgimento da Editora Pensamento....................................252
    A Origem do Almanaque do Pensamento e sua Longevidade....253
    Grupo Editorial Pensamento – O Legado AOR......................253

SOBRE OS PREFACIADORES..255

Apresentação do Editor

O Tarô Adivinhatório:
A História por trás do Primeiro Baralho de Tarô Editado no Brasil Através de suas Edições

Em 29 de abril de 1920, ocorreu um marco na história do esoterismo e das artes adivinhatórias no Brasil: a publicação do primeiro tarô em nosso país, tal como podemos comprovar pela peça publicitária abaixo, divulgada no setor de anúncios do jornal *O Estado de S. Paulo*. O livro era vendido encadernado em capa dura e vinha acompanhado de um conjunto de 78 cartas litografadas em cores. Ou seja, o primeiro *deck/box* de tarô foi editado por aqui bem antes do que alguns pesquisadores insistiam em afirmar até a primeira década deste século, nos estudos envolvendo as origens e a história do tarô no Brasil.

O livro de Papus, *Le Tarot Divinatoire*, foi lançado em 1909 na França, tornando-se a primeira publicação neste sentido: um tratado popular de cartomancia envolvendo o tarô. Como Antonio Olívio Rodrigues mantinha uma troca de correspondência com Papus – por conta de seu envolvimento com a Ordem Martinista no Brasil[1] –, ele propôs fazer um estudo da obra para editá-la em nosso país, a qual seria acrescida de análises de textos comparativos de outros autores, sendo publicada, sem a menção do autor, uma edição totalmente adaptada à realidade brasileira, editada de forma simples, voltada ao estudo do tarô como processo ligado à cartomancia, mas de modo mais palatável à mentalidade da época para os leitores brasileiros.

Diferentemente do que se imaginava até pouco tempo sobre a história do tarô no Brasil, o *Tarô Adivinhatório* da Editora Pensamento não passou despercebido nem deixou de causar grandes repercussões na época do lançamento. Muito pelo contrário. A obra acumulou, em mais de 100 anos de publicação ininterrupta, pelo menos 15 edições, somando dezenas de reimpressões, totalizando mais de 700 mil exemplares vendidos, sucesso absoluto em um país majoritariamente católico e com população composta de mais de 80% de analfabetos

---

1. Em 1907, AOR (como é conhecido Antonio Olívio Rodrigues no meio ocultista/marinista brasileiro) foi iniciado em uma Loja Martinista (AMOR & VERDADE) que operava no centro da cidade de São Paulo, sob a coordenação do Dr. Horácio de Carvalho (também iniciado por Papus). AOR foi o fundador da Editora Pensamento e, posteriormente, do Círculo Esotérico da Comunhão do Pensamento, que existe desde 1909. Essa ordem, mentalista e esotérica, tem entre seus patronos Papus, que, com Éliphas Lévi, simboliza o pensamento místico e esotérico ocidental.

na época em que o livro/conjunto de cartas foi lançado. Apenas para termos uma ideia, até 1939, o livro já havia tido quatro edições, cada uma delas com várias reimpressões.

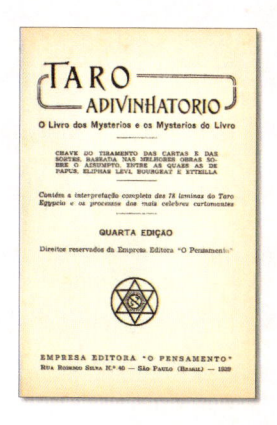

Como afirmado em outros estudos sobre a história do tarô em nosso país, a primeira edição do *Tarô Adivinhatório* também não foi mero resumo das obras de Papus, Etteilla, Lévi e Bourgeat. Na realidade, como dissemos anteriormente, a obra de Papus foi editada de forma adaptada à realidade brasileira da época, porém mantendo-se a análise de fontes de alguns desses autores (feitas pelo próprio Papus na primeira edição de 1909), acrescida de textos criados por Antonio Olívio Rodrigues por meio do estudo comparativo das obras de Jean Gaston Bourgeat, Camille Flammarion e P. D. Ouspensky, entre outros.

Portanto, a obra, na realidade, trata-se de uma homenagem a Papus, um estudo crítico baseado no livro *Le Tarot Divinatoire*, complementado por reflexões de outros autores, sintetizadas por Antonio Olívio Rodrigues, criando uma versão brasileira desse clássico estudo sobre cartomancia, que agora inclui, pela primeira vez no Brasil, o texto integral de Papus da edição de 1909, além dos excertos e comentários de Antonio Olívio, tornando a edição ainda mais completa. Além dessa nova apresentação, você encontrará um prefácio assinado por dois estudiosos e profissionais do tarô: Constantino K. Riemma, fundador do Clube do Tarô, e Leo Chioda, do CAFÉ TAROT, no qual discorrem sobre os principais detalhes da obra original de Papus e da versão de Antonio Olívio Rodrigues. No posfácio, também assinado pelo tarólogo Leo Chioda, detalhes importantes sobre a revisão técnica são esclarecidos a fim de situar o leitor pelo texto brasileiro frente ao texto original, além de ressaltar informações preciosas sobre a estrutura das cartas e seus símbolos, até então obscuros.

Entre 1941 e 2006, o *Tarô Adivinhatório* teve mais dez edições. Muitas delas, sobretudo as quatro primeiras, publicadas entre 1920 e 1939, são hoje raríssimas, verdadeiros itens de colecionador, vendidas por preços altíssimos em leilões ou em livrarias antiquário que trabalham com obras raras.

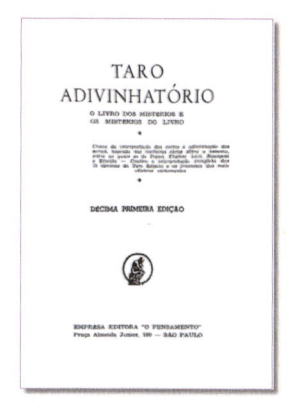

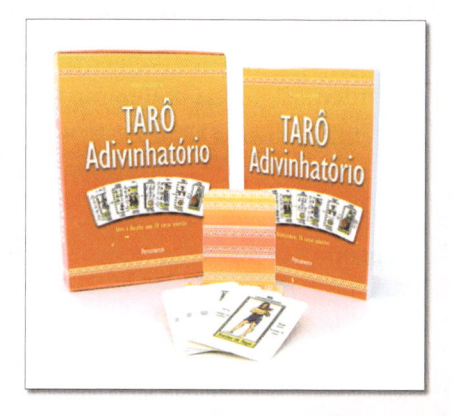

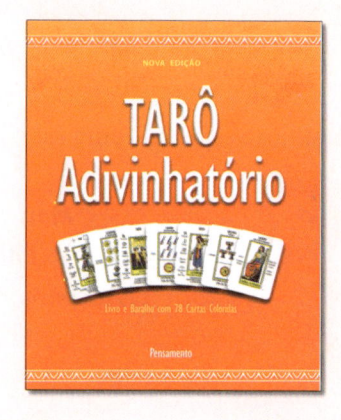

A edição de 2006 foi repaginada de forma moderna e agora, pela primeira vez, chega com um projeto editorial *vintage* e arte gráfica retrô, resgatando, em parte, o *design* da primeira edição brasileira e do primeiro *deck* original de 1909. Como em todos os nossos projetos editoriais que envolvem *decks* de tarô, acompanhados de caixas e cartas, esta edição vem em um *box* rígido, com a única diferença que esse deck agora conta com um livro no formato 16x23 totalmente colorido e ilustrado. As cartas foram restauradas, e inúmeras correções foram feitas, como: a troca dos algarismos romanos para os arábicos, como constava no *deck* original; os nomes de alguns arcanos foram trocados e editados, agora com os nomes da escola francesa, na qual o naipe de moedas, por exemplo, se torna "denários"; o escravo foi trocado por pajem, entre outras alterações que serão explicadas de forma pormenorizada nos prefácios e posfácios; foram impressas em papel de alta gramatura, o que dá maior durabilidade ao conjunto durante o manuseio. O verso tarotado foi trocado e mantido o mais próximo possível do original, com as lâminas em tom sépia, e não brancas, como antes, concebidas para a primeira edição francesa. O texto, um capítulo à parte, além de ter sido agora publicado na íntegra, segundo a primeira edição francesa, como mencionamos antes, foi totalmente revisto, e inúmeras correções de tradução foram feitas. Além disso, uma revisão técnica foi feita por Leo Chioda, do CAFÉ TAROT e colaborador do Portal Personare, para trazer novas luzes ao texto nas passagens mais obscuras, corrigindo impropriedades e trazendo novos significados aos trechos mais esotéricos da obra.

Esperamos que esta nova – e histórica – edição possa ser apreciada por todas as pessoas que se interessam pelas artes adivinhatórias em nosso país, sejam elas leitores, estudiosos, praticantes, profissionais ou colecionadores do tema, porque, para nós, é muito importante que uma obra lançada em 1920 ainda seja tão querida por nossos leitores. Assim, entendemos que ela realmente mereça uma edição especial como esta, pois nosso lema continua sendo:

Mais que livros, inspiração.
Editora Pensamento,
Livros para um mundo em transformação

Boa leitura.

ADILSON SILVA RAMACHANDRA
editor do Grupo Editorial Pensamento

Prefácio à Primeira Edição Brasileira

O *Tarô Adivinhatório*, lançado pela Editora Pensamento, oferece ao leitor o mais simples e prático processo de adivinhação por meio das cartas, apresentando um sistema que resume os métodos empregados pelos mais célebres cartomantes.

É um pequeno tratado de "cartomancia sem mestre", mediante o qual toda pessoa, sem esgotar a paciência e cansar a atenção, sentirá prazer em preencher suas horas de folga, divertindo-se com o manuseio das 78 cartas que acompanham esta obra.

Inúmeras gravuras elucidativas, constantes do texto, facilitam o estudo das aplicações do tarô, tornando-o, entre os congêneres, uma das obras mais procuradas, não só pela clareza com que foi elaborada como também pela rapidez com que leva o leitor a se transformar em perito nessa arte fascinante.

Julgamos, assim, ter posto nas mãos do público um livro que permitirá ao leitor estudar com facilidade e aprender com satisfação.

Antonio Olívio Rodrigues
primeiro astrólogo do Brasil e fundador da Editora Pensamento

O Centenário do Tarô no Brasil e as Origens do Tarô Adivinhatório

Prefácio de Constantino K. Riemma e Leo Chioda

O público brasileiro agora recebe, com grande satisfação, esta nova edição de *O Tarô Adivinhatório*, obra de notável sucesso editorial no Brasil desde 1920. Sua aceitação decorre não apenas da concepção estrutural, pautada em projeto objetivo e prático, que as inúmeras reedições atestam, mas também, e principalmente, do esmero daquele que foi o primeiro astrólogo do país a fundar uma editora brasileira a serviço do esoterismo, das artes mágicas e do espiritualismo, com obras voltadas ao desenvolvimento pessoal e ao aprimoramento humano. A essa alegria se soma o reconhecimento do trabalho de resgate da obra que diretamente inspirou Antonio Olívio Rodrigues: *Le Tarot Divinatoire*, de Gérard Encausse, mais conhecido pelo pseudônimo Papus, nome de destaque entre os ocultistas franceses na virada do século XIX para o XX. Seu livro, agora cotejado com a edição brasileira, publicada desde 1920, traz à luz suas teorias renovadas, ainda que a publicação anterior, *Le Tarot des Bohémiens*

(1889), tenha obtido muito mais fama e reconhecimento não só na Europa, mas também na América do Norte, inspirando novas correspondências cabalísticas de diversos autores e escolas de mistérios.

A novidade sustentada por Papus em *Le Tarot Divinatoire*, que agora o leitor tem em mãos com seu texto na íntegra pela primeira vez, é a de atribuir aos 56 Arcanos Menores a mesma importância conferida usualmente aos 22 Arcanos Maiores. O autor argumenta que seu estudo gradativo e suas aplicações recorrentes são tão significativas quanto as casas do zodíaco na análise astrológica. Pode-se dizer, de certo modo, que *O Tarô Adivinhatório*, tal como este prefácio, é uma obra escrita a quatro mãos. Ainda que afastados pelo Atlântico e por uma década, Papus e Antonio Olívio Rodrigues – AOR, como é mais conhecido nos meios da Astrologia e do ocultismo em nosso país – prestaram notável contribuição ao pensamento esotérico no Brasil. Sua presença ininterrupta nas livrarias comprova não apenas a importância desta obra, mas também sua resistência, ressaltando o estímulo dado à previsão do futuro na prática oracular da cultura brasileira e fazendo da tradição francesa de cartomancia sua principal referência.

★ ★ ★

Alguns detalhes merecem ser destacados neste prefácio da reedição histórica da obra. Os 22 Arcanos Maiores do baralho de Papus são baseados nos desenhos de Jean-Gabriel Goulinat, de acordo com a descrição de Paul Christian (1811-1877), vulgo Jean-Baptiste Pitois, outro proeminente ocultista francês, no livro *Histoire de la Magie*.

Para ilustrar seu objetivo de difundir o tarô como a "chave absoluta da Ciência Oculta", Papus se valeu desse conjunto de desenhos baseados no imaginário egípcio, tão comum nessa época, para ilustrar *O Tarô dos Boêmios*. Porém, é apenas em *Le Tarot Divinatoire* que os 56 Arcanos Menores, também de Goulinat, são produzidos e publicados. Eles são inspirados em Etteilla, o principal nome que viria a sistematizar a cartomancia moderna e, por sua vez, comungava com os contemporâneos Court de Gébelin e Comte de Mellet, autores das obras simbólicas mais antigas sobre o tarô.

Nos lançamentos de baralhos concebidos por alguns estudiosos, que consideravam as 22 cartas o repositório do conhecimento egípcio, Papus sobressaiu-se fornecendo um conjunto completo de cartas, tal como se apresentavam os baralhos de Marselha, para cumprir um de seus principais intentos: decodificar e difundir o tarô na sua inteireza, considerando todas as possibilidades associativas das 78 cartas. A dedicação do autor foi total para oferecer um tarô com correspondências inusitadas e os atributos mais pertinentes da época, fazendo desse jogo uma máquina atemporal, que respondesse a tudo do modo mais próximo e exato possível.

Com frequência, *Le Tarot Divinatoire* foi eclipsado por seu antecessor, *Le Tarot des Bohémiens*. No entanto, cotejado com a versão brasileira oferecida por Antonio Olívio Rodrigues, *Le Tarot Divinatoire* é, de fato, um acontecimento importante na literatura esotérica por estabelecer as autorias de um tarô considerado completo e coeso nas proposições. O leitor deve levar em conta que essa obra de Papus abriu caminho para adaptações, revisões e aprimoramentos das teorias de Lévi, ocorridos ao longo dos séculos XIX e XX, sobretudo na Inglaterra, com McGregor Mathers e Waite, e percebidos até mesmo nas produções atuais. Isso porque o autor adota um modo de ordenar as cartas baseado no tradicional Tarô de Marselha – tido por ele como a melhor reprodução do tarô em suas origens – e rejeita as propostas visuais e numéricas de Etteilla, que Papus respeitosamente aponta como uma "mutilação" do *Livro de Thoth*.

Ainda assim, alguns detalhes acerca dos procedimentos de Papus merecem esclarecimento. O leitor perceberá que no *Estudo Detalhado dos Sentidos Adivinhatórios das 78 Lâminas*, Papus se baseia na organização e nas descrições do próprio Etteilla, comentadas por seu discípulo, Melchior d'Odoucet. Nesse capítulo, até então inédito, tanto os títulos das cartas quanto as duas séries de significados – os das cartas na posição normal e os outros, quando elas são sorteadas na posição invertida –, baseiam-se nesse esquema iconográfico completamente alterado do padrão marselhês. Segundo Etteilla, a ideia era aproximá-lo da tradição hermética do Egito, à qual supunham pertencer o tarô.

Além dessas influências, Papus coloca *O Louco* entre *O Julgamento* e *O Mundo* por seguir os estudos de Éliphas Lévi, que propõe a correspondência entre os Arcanos Maiores e as 22 letras do alfabeto hebraico para sustentar suas teorias cabalísticas. A primeira letra, *Alef*, é associada ao arcano *O Mago*; a vigésima primeira, *Shin*, ao arcano *O Louco*, e a última, *Tav*, ao arcano *O Mundo*. Essas atribuições foram aceitas por grande parte dos ocultistas europeus, mas pouco aplicadas entre os britânicos e norte-americanos, que posicionam *O Louco*, arcano 0, no começo, antes do primeiro arcano numerado, ou no fim, após *O Mundo*, como arcano 22 ou mesmo 0, sugerindo o recomeço da jornada. Note-se que Papus atribui "0 (ou 21)" ao arcano *O Louco* e "21 (ou 22)" ao arcano *O Mundo*, mantendo flexíveis e arbitrárias as associações em respeito à numeração francesa dos Arcanos Maiores (*O Louco*, sem número, no início ou no fim da sequência de 1 a 21), isenta de qualquer associação com o alfabeto hebraico.

A estrutura das cartas é digna de algumas explicações para situar tanto o leitor interessado quanto o que a despreza. Na concepção de Papus, o baralho é um repositório de toda a sabedoria do universo, representada não apenas pelos significados das imagens no centro de cada carta, mas também pelos hieróglifos, pelos alfabetos latino, hebraico e devanágari e pelos símbolos da Astrologia e do Arqueômetro de Saint-Yves D'Alveydre. Este último consiste em um sistema complexo que congrega os conhecimentos da humanidade e visa à compreensão do universo: cores, formas, símbolos e alfabetos, dispostos em um círculo milimetricamente dividido em zonas concêntricas, oferecendo combinações e informações inesgotáveis. Tanto Saint-Yves quanto sua máquina filosófica eram uma inovação inspiradora para os ocultistas contemporâneos de Papus, o que justifica sua presença nesse tarô.

Outra peculiaridade em *Le Tarot Divinatoire* é a numeração dos Arcanos Menores, inspirada em Etteilla, que se inicia com *O Rei de Bastões* como 22. Essa sequência assegura *O Louco* como o arcano 0, já que ele se posicionaria como o 78º arcano, o último numerado. Esse arranjo garante que *O Louco* apareça não apenas nos Arcanos Maiores como também no fim de toda a sequência. Antonio Olívio Rodrigues alterou essa ordem dando ao *Rei de Bastões* o número 23, provavelmente a fim de evitar quaisquer equívocos por excesso de informação. Assim, a sequência tem início com *O Mago*, arcano de número 1, e termina com o *Ás de Ouros*, arcano de número 78, conforme a organização de Etteilla nos Arcanos Menores, mantida por Papus.

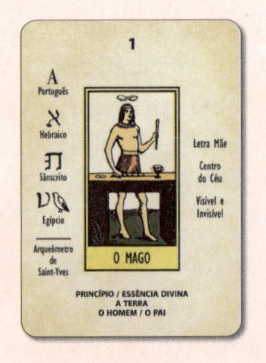

O Mago (1), Rei de Bastões (23) e Ás de Denários (78)

Os Arcanos Menores incluídos no livro original de Papus também têm outras peculiaridades, baseadas na efervescência esotérica da época. À esquerda dos arcanos, estão as atribuições de Éliphas Lévi; acima e abaixo da imagem, as palavras-chave de Etteilla; e, à direita, os atributos compilados por Papus sobre as características físicas, as iniciais, as datas e os horários regidos pelo arcano em questão. Na visão de Papus, essas adições conferem maior poder de sugestão às cartas, resultando em uma inovação não apenas filosófica para o pensamento ocultista do século XX como também editorial, por se tratar de um baralho completo de correspondências úteis a toda e qualquer pessoa interessada na cartomancia aplicada.

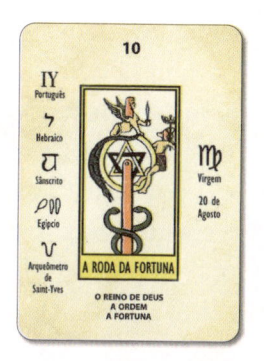

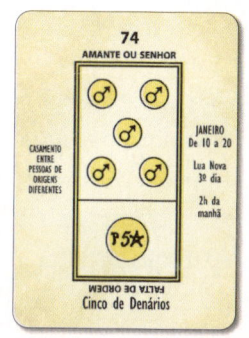

A Roda da Fortuna (10), Cinco de Denários (74) e Dama de Espadas (52)

Os símbolos dos dez Arcanos Menores de cada naipe, extraídos de Etteilla, são peculiares: taças egípcias convertidas em Copas; punhais de lâmina reta, em Espadas; clavas rústicas, em Bastões; moedas, em Denários. As cartas são marcadas com os sete planetas clássicos – Sol, Mercúrio, Vênus, Lua, Marte, Júpiter e Saturno – e a Cabeça do Dragão, a Cauda do Dragão e a Parte da Fortuna, antigas referências astrológicas. Abaixo das imagens principais do tarô – com exceção do naipe de Bastões, assinalado por estacas –, encontram-se os "talismãs secretos" de Lévi. Eles fazem parte de um manuscrito ilustrado pelo próprio Lévi para o barão Nicolas-Joseph Spédalieri, um de seus discípulos. Os talismãs foram ilustrados em 1860 e vieram à luz em 1895, com o título *Clefs Majeures et Clavicules de Salomon*, reforçando a ideia sustentada ao longo de sua obra de que o tarô seria o alfabeto oculto e sagrado que os hebreus atribuíram a Enoque, os egípcios, a Thoth ou a Hermes Trismegisto, e os gregos, a Cadmos e a Palamedes.

Papus corrobora as ideias presentes na obra *A Chave dos Grandes Mistérios*, na qual Lévi aponta esse alfabeto, conhecido entre os pitagóricos como o "receptáculo de ideias unidas a sinais e a números que, quando combinadas, realizam 'as matemáticas do pensamento'", ou seja, inúmeras possibilidades e interpretações. Ainda nessa obra, Lévi sustenta que Salomão apresenta esse alfabeto sob a forma de 72 nomes inscritos nos 36 talismãs, que no Oriente seriam as *Clavículas de Salomão*.

Papus teve papel expressivo na difusão da suposta origem egípcia do tarô. Por ocasião do lançamento de *O Tarô dos Boêmios*, o jornalista e poeta Émile Goudeau assinou uma crítica literária em *La Feuille Libre*, revista bimensal de literatura, teatro e artes, publicada em Paris, em 20 de setembro de 1889. Nela, Goudeau transcreveu certas passagens de Papus sobre os sistemas lúdicos, as quais seriam reproduzidas posteriormente por Antonio Olívio Rodrigues no Brasil. Esses sistemas, que implicariam o xadrez, os dados e o dominó, seriam derivados do tarô, que, por sua vez, resistiria ao tempo como instrumento enigmático e que só faria sentido nas mãos dos dignos. Com essa teoria, Papus sustentava que os sábios esconderam os mistérios e a tradição científica em um objeto associado ao vício – as cartas de baralho – e muito popular, embora compreensível apenas para os iniciados.

Ao sustentar a origem egípcia do oráculo, Papus recebeu críticas e notas a respeito de seus procedimentos. São inúmeras as informações em suas cartas, que ao leitor contemporâneo podem parecer incoerentes ou mesmo inúteis no processo oracular. Isso se dá porque Papus atribuiu importância maior à arte combinatória, em vez de se ater aos significados de cada imagem. Eis a razão para o desencontro entre cartas popularmente conhecidas e interpretadas como "positivas" e seus significados absolutamente contrários.

Em linguagens simbólicas tão abertas, como é o caso do tarô, o desafio de quem estuda é encontrar o próprio caminho de compreensão. A importância de editar um tarô antigo e um manual seguindo à risca o original é uma grande contribuição para registrar a diversidade e estimular a pesquisa, que vai muito além da simples aplicação de receitas prontas. Aliás, adaptação é a palavra-chave que levou Papus a reorganizar suas ideias e Antonio Olívio Rodrigues a trazer a público o tarô no Brasil. "Possibilidades" é o termo mais propício ao tarô em si, por ser um conjunto de imagens com infinitas combinações.

O próprio Antonio Olívio Rodrigues recomenda que a "cartomancia deve ser explicada com simplicidade e clareza, sem exigir do leitor nada além de atenção e capricho, para que o tarô ofereça respostas e firmes orientações às mais importantes questões da vida". É com esse pensamento que o leitor deve se aproximar deste livro e do seu baralho, independentemente das mais variadas publicações existentes no mercado, que prometem ser mais fáceis e eficazes, quase desdenhando do estudo necessário dos sistemas anteriores. O ofício sempre empenhado – como ocorre na prática alquímica – de reeditar ou resgatar um livro antigo de tarô é o de honrar a própria cartomancia e manter vivos todos aqueles que jamais mediram esforços para assumir sua validade e profundidade. Esse era o propósito de Papus e continua sendo seu legado por meio desta edição histórica.

Contudo, é preciso ser dito, com grande satisfação, que apenas uma edição em todo o mundo é considerada a mais fiel ao original de Papus e Goulinat: a brasileira, de Antonio Olívio Rodrigues, cujos esforços mantiveram intactos os dados das cartas, ainda que com as devidas adaptações, que contribuíram para honrar e perpetuar tanto os traços originais do artista quanto o sistema prático de cartomancia de seu idealizador.

Que *O Tarô Adivinhatório*, o primeiro publicado no Brasil, permaneça por mais cem anos inspirando novos estudos sobre o passado, esclarecendo o presente e fascinando os leitores do futuro.

Boa leitura!

Constantino K. Riemma e Leo Chioda
São Paulo, verão de 2022.

Introdução

O Tarô Adivinhatório

A Chave Absoluta de Todo Ocultismo

Os pesquisadores contemporâneos que se ocupam de Ocultismo exibem certo desprezo pelas artes adivinhatórias.

No entanto, o estudo da natureza humana abre caminho para preciosas descobertas médicas, e a quiromancia fornece um panorama considerável sobre a fisiologia do sistema nervoso simpático, que coordena a construção dos traços marcados na pele. Contudo, não há fonte de pesquisas mais fecunda que o estudo dos tarôs.[1]

Tarô, Thora, Rota, Athor – esse conjunto de lâminas e números é, sem dúvida, uma das mais puras obras-primas da iniciação antiga, e seu estudo atraiu muitos pesquisadores.

Há mais de vinte anos, tivemos a oportunidade de encontrar a chave geral da construção do tarô, tal como indicada, mas não demonstrada, por Guilherme

---

1. O termo foi mantido no plural como consta da edição original, cujo sentido era o de que cada carta do baralho era chamada de tarô. (N. do RT.)

Postel[2] e Éliphas Lévi. Determinamos essa construção fazendo com que ela correspondesse integralmente ao esboço de Postel, por um lado, e se aplicasse aos Arcanos Menores, por outro.

A esse respeito, há que se fazer uma observação fundamental. A maioria dos escritores ocultistas modernos que se ocupou do tarô manifesta enorme apreço pelo estudo dos Arcanos Maiores e desprezo não menos intenso pelas pesquisas referentes aos Arcanos Menores, que deram origem aos baralhos atuais.

A Gênese de Enoque

Muitos investigadores se dedicam ao seu estudo. Guilherme de Postel chama-o de *Gênese de Enoque*[3] e indica sumariamente sua construção. Éliphas Lévi, seguindo os passos de Postel e de Christian Knorr von Rosenroth,[4] completou a chave dos Arcanos Maiores e aplicou o tarô à astrologia cabalística ou onomatomântica. Por fim, Papus foi o único autor a realizar um estudo completo do tarô, determinando a chave geral que se aplica tanto aos Arcanos Maiores quanto aos Menores. (AOR)

Existe até mesmo grande quantidade de falsos sistemas de explicação do tarô, baseados apenas nos 22 Arcanos Maiores, sem levar em conta os 56 Arcanos Menores. Esse procedimento é simplesmente infantil. O tarô é um conjunto

---

2. Guilherme Postel (1510-1581) foi escritor, astrólogo, cabalista e ocultista francês. É referência unânime aos pensadores esotéricos da época de Papus. É autor da *Clavis Absconditorum a Constitutione Mundi*, livro publicado em 1547 que propõe o conceito de ROTA como correspondente a HOMO e DEUS, ainda que nada tenha escrito sobre tarô. Apenas posteriormente é que o anagrama TARO é aventado, por Lévi, como mais uma possibilidade de associação e interpretação, levada a cabo por Papus em suas obras e por estudiosos posteriores, como A. E. Waite, que perpetua o esquema gráfico da *chave absoluta das ciências ocultas*, dada por Postel, no décimo arcano maior de seu tarô, executado por Pamela Colman Smith. (N. do RT.)

3. Papus evoca esse conceito devido às considerações de Lévi, em *História da Magia* e *A Chave dos Grandes Mistérios*, de que Enoque seria o próprio Hermes Trismegisto, e sua *Gênese*, um misterioso livro hieroglífico, anterior aos livros de Moisés, e sua bíblia oculta: o famoso *Livro de Thoth*, frequentemente associado ao tarô. Lévi elabora a teoria de que neste livro Postel encontrara o verdadeiro significado do Tetragrammaton e passa a chamá-lo de *Gênese de Enoque* para manter seu verdadeiro nome (TARO) a salvo das mãos profanas. Papus sustenta veementemente essas ideias. (N. do RT.)

4. Christian Knorr von Rosenroth (1631-1689), escritor e cabalista alemão. (N. do RT.)

maravilhoso, e o sistema que se aplica ao corpo também deve ser aplicado à cabeça, e vice-versa.

Vale lembrar que os Arcanos Menores são extremamente importantes para o *estudo do tarô*,[5] assim como as casas são fundamentais para o estudo da Astrologia.

De fato, todo sistema físico de consulta do invisível na Antiguidade se compunha de duas partes: uma fixa, geralmente numeral ou hieroglífica (com frequência ambas), e outra móvel, muitas vezes hieroglífica e numeral.

Em Astrologia, a parte fixa é indicada pelo zodíaco e pelas casas, e a parte móvel, pelos planetas e seus aspectos. A cada seção eram atribuídos números, e suas combinações, por adição ou subtração, dependendo dos aspectos, forneciam a base dessa onomatomancia astrológica, hoje quase totalmente perdida.

O popular *Jogo do Ganso* [ou *El Juego de la Oca*, como é conhecido em espanhol, cuja origem é do fim do século XVI, na Itália] é uma adaptação do tarô, no qual a parte fixa é formada por números e hieróglifos, sobre os quais são rolados os dados.

No tarô, a parte fixa é indicada pelas quatro séries, cada uma com 14 Arcanos Menores (quatro figuras – Rei, Dama, Cavaleiro e Valete – que são a representação dos Maiores nos Menores), e por dez números, que vão de Ás a Dez para cada naipe.

A Ars Magna de Raimundo Lúlio

O tarô pode ser aplicado de inúmeras maneiras, e, tal como sua adaptação, a *Ars Magna*, de Raimundo Lúlio,[6] permite resolver os maiores problemas da filosofia.

Porém, certamente não é por esse lado que o tarô interessa à maioria dos leitores, e nosso objetivo na presente obra também não é apresentar sua versão filosófica ou iniciática. (AOR)

---

5. Esse argumento é uma inovação de Papus, que não só valida os Arcanos Menores como essenciais à prática oracular como também reordena os Maiores – numeração que permanece praticamente indiscutível até hoje, já que leva em conta a estrutura do tarô de Marselha. (N. do RT.)
6. A *Ars Magna*, obra-prima de Lúlio, era um modelo enciclopédico de princípios científicos tão caro a Lévi quanto a Papus. A referência a Lúlio tem o intuito de exaltar o tarô como repositório de sabedoria e ferramenta útil para compreender os mistérios do universo. (N. do RT.)

Entretanto, não é esse aspecto que interessa às mulheres curiosas.[7] O tarô permite determinar algumas leis do acaso que o tornam aplicável à adivinhação [quando suas cartas são colocadas]. É possível "ler as cartas" com o tarô!

Origens do Tarô

Nos capítulos seguintes, trataremos apenas do aspecto adivinhatório do tarô, que é o pai dos nossos jogos de cartas e cuja origem se perde na noite dos tempos.

Eis como um antiquíssimo manuscrito da Biblioteca Nacional de Paris descreveu a origem desse maravilhoso livro atribuído a Hermes Trismegisto:

"Transportemo-nos pelo pensamento três mil anos atrás, no meio dessa espantosa e grandiosa civilização egípcia, revelada cada dia mais, ao nosso século, pelos trabalhos dos arqueólogos.

"Entremos em uma dessas cidades, que em Paris formaria um quarteirão; atravessemos o círculo de defesa guardado por um contingente de soldados bem equipados e passemos entre habitantes tão numerosos e atarefados quanto os das nossas maiores cidades.

"Em toda parte, monumentos de uma arquitetura estranha elevam-se a prodigiosas alturas; os terraços das casas ricas indicam a primeira entrada de uma gigantesca escadaria, que conduz a palácios e templos e é dominada pela habitação silenciosa do chefe do Império.

"As grandes cidades estão em toda parte fortificadas; o Nilo é represado por diques, e enormes reservatórios estão prontos para receber água e transformar terríveis inundações em benéficas irrigações.

"Tudo isso permite supor a existência de uma ciência e de sábios, mas onde estão eles?". (AOR)

---

7. Faz-se necessário ressaltar o teor misógino de várias passagens do texto original, a fim de salientar ou mesmo denunciar os costumes da época e do autor, que nada condizem com a postura da equipe técnica e da editora. A permanência de quaisquer passagens depreciativas ao longo do texto é justificada pela proposta de oferecer uma edição fiel à original, ainda que contrária a qualquer preconceito ou discriminação. (N. do RT.)

Os Sábios da Antiguidade. Os Sacerdotes Egípcios.

"O vício é melhor que a virtude para manter uma tradição."

Nessa época, a ciência e a religião eram confundidas em um só estudo, e todos os sábios, engenheiros, médicos, arquitetos, oficiais superiores, escribas etc. eram chamados de *sacerdotes* ou *iniciados*.

Evitemos confundir o sacerdote da Antiguidade com essa palavra tomada no sentido que lhe atribuem os contemporâneos, para não cairmos nos mais grosseiros erros, como o de crermos que o Egito estava entregue ao despotismo clerical na pior acepção.

No templo se dava a instrução em todos os graus, conforme métodos perfeitamente estabelecidos e imitados em todas as regiões do mundo, nessa época.

A instrução mais elevada que o homem podia adquirir era transmitida principalmente no grande templo do Egito, onde estudaram os futuros grandes reformuladores: Orfeu, Licurgo, Pitágoras, Moisés, entre outros.

Uma das ciências em que as investigações são mais sólidas é a astronomia. Sabemos hoje, por intermédio dos sábios egípcios, que se conhecia o movimento da Terra em relação ao Sol, assim como a posição deste em relação aos satélites. Grande parte dos contos mitológicos se refere a esses mistérios, e os sábios da época, isto é, os sacerdotes, ensinavam a astronomia aos discípulos por meio de pequenas lâminas que representavam os meses, as estações do ano, os signos do zodíaco, os planetas, o Sol etc. Desse modo, fixavam na imaginação dos estudantes os dados que, mais tarde, eles verificariam na natureza.

Houve um tempo em que o Egito, não podendo mais lutar contra os invasores, teve de se preparar para morrer dignamente. Foi quando os sábios egípcios – diz ainda meu misterioso confidente – formaram uma grande assembleia para saber como salvariam da destruição a ciência, reservada até então aos homens considerados dignos de possuí-la.

> Ao que parece, em um primeiro momento, discutiu-se se os segredos seriam confiados a homens virtuosos, recrutados secretamente uns pelos outros para transmitirem essas sublimes verdades de geração em geração. Porém, tendo observado que a virtude é a coisa mais frágil e difícil de encontrar, ao menos de modo contínuo, um sacerdote propôs confiar a tradição científica ao vício.
>
> Esse conselho teria sido adotado, e o jogo, escolhido como vício preferido. Assim, gravaram-se em pequenas lâminas misteriosas figuras que ensinavam os maiores segredos da ciência, e, desde essa época, os jogadores transmitem esse tarô de geração em geração, melhor ainda do que o teriam feito os homens honestos mais virtuosos da terra. (AOR)

Um escritor supostamente sério querendo estudar a tiragem das cartas? Que horror! Nenhum estudo é um horror, e aprendemos muitas coisas curiosas ao estudar o tarô adivinhatório.[8] Além disso, também fizemos algumas descobertas que permitirão utilizar o tarô com muita precisão. Ao percorrermos as ilustres carreiras de Etteilla, pesquisador pouco conhecido, e da extraordinária vidente Mademoiselle Lenormand, conseguimos determinar o tempo atribuído pelo Antigo Egito a cada lâmina. Desse modo, a boa cartomante será capaz de dizer em qual dia e hora da noite o belo homem moreno possivelmente encontrará, com algum atraso, a bela viúva loura. Asseguro-lhes que não foi fácil encontrar a precisão nesse labirinto de indeterminações. Justamente esse é o papel dos Arcanos Menores no tarô. Aos dados gerais dos Arcanos Maiores, os Menores contribuem com a imobilidade e a noção do tempo. Essa é sua função no ensino antigo da Astrologia e no tarô adivinhatório. Podemos acrescentar sentidos precisos graças ao emprego de uma tábua numérica e astrológica, da qual trataremos ulteriormente.

---

8. Papus ironiza aqui o descaso da classe ocultista em relação à prática da cartomancia, mesmo que na época o tarô ainda não fosse amplamente utilizado para adivinhação como eram outros baralhos. Mesmo tecendo críticas a outros cartomantes e autores, como Etteilla, Papus endossa a dignidade do ofício oracular. (N. do RT.)

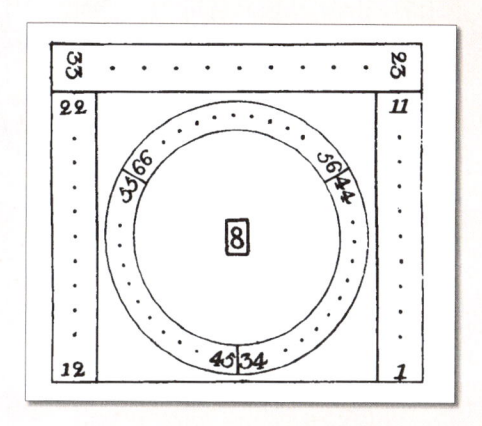

Ilustração extraída do terceiro caderno de *Manière de se recréer avec le jeu de cartes nommées Tarots* (Modo de se entreter com o jogo de cartas nomeadas tarôs), por Etteilla (Amsterdã, 1783), cuja página de rosto é reproduzida abaixo.

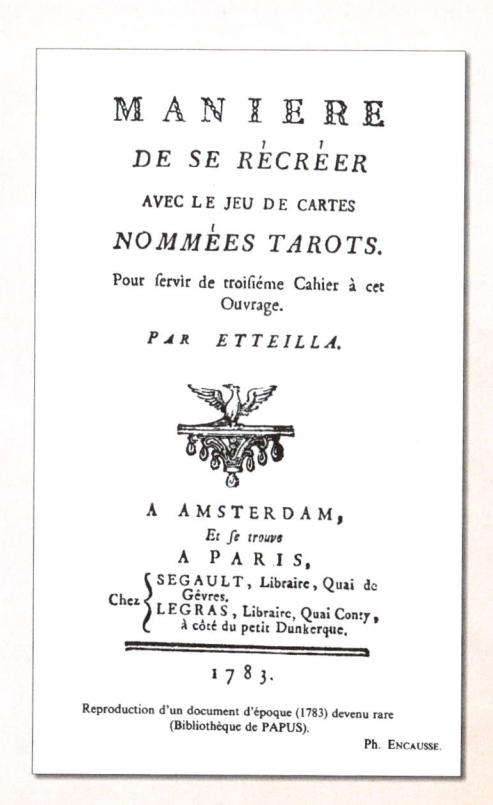

Reprodução de um documento de época raro, de 1783 (Biblioteca de Papus).
Ph. Encausse

Capítulo I
A Constituição do Tarô

Aparentemente, o tarô é um jogo de cartas; porém, na realidade, é um livro hieroglífico muito antigo, originário do Egito.[1]

Consagramos um volume especial ao estudo do tarô, considerado na origem e nas aplicações filosóficas.[2]

Para quem quiser utilizar o tarô na interpretação dos lugares-comuns do passado, do presente ou do futuro, essas considerações têm pouco valor. Desse modo, com a máxima clareza possível, faremos uma exposição do tarô apenas do ponto de vista adivinhatório.

O tarô compõe-se de 78 cartas: 56 delas são chamadas de Arcanos Menores e dão origem às cartas atuais; as outras 22, que não se encontram entre as cartas atuais, são chamadas de Arcanos Maiores.

Os Arcanos Menores compõem-se de quatro naipes: Bastões, Copas, Espadas e Denários.[3] (Ver as figuras nas páginas seguintes.)

---

1. Apesar de este ser o pensamento da época, o tarô é, definitivamente, um jogo de cartas, não um livro hieroglífico originário do Egito. Para mais informações, consulte *História do Tarô*, de Isabelle Nadolny (São Paulo: Pensamento, 2022). (N. do RT.)
2. *O Tarô dos Boêmios*. (São Paulo, WMF Martins Fontes, 2003.)
3. "Denário", do latim *denarius*, é a moeda de prata cunhada e difundida durante o Império Romano. Desde Court de Gébelin, em *Le Monde Primitif* (1781), usa-se denário para descrever as cartas do naipe que hoje chamamos de Ouros. Foi mantido o termo também utilizado por Papus, a título de coerência com a tradição francesa. (N. do RT.)

Os Bastões transformaram-se nos Trevos das cartas atuais;[4] as Copas tornaram-se os Corações; as Espadas, os Piques; os Denários transformaram-se em Diamantes.

As 14 Cartas que Compõem os Quatro Naipes

Cada um desses naipes compreende 14 cartas: o Rei, a Dama, o Cavaleiro e o Valete, que são as quatro figuras de cada naipe (Rei de Bastões, Dama de Bastões, Cavaleiro de Bastões, Valete de Bastões etc.);[5] depois, 10 números: Ás, 2, 3, 4, 5, 6, 7, 8, 9 e 10, o que dá 14 cartas para o naipe de Bastões. A mesma quantidade se repete em Copas, Espadas e Denários: ao todo, 56 cartas.

Cada um desses 56 Arcanos Menores tem um sentido na adivinhação e deve ser considerado tanto na posição correta quanto na invertida. Além deles, há 22 cartas denominadas Arcanos Maiores, ou grandes trunfos, que indicam os grandes acontecimentos, aplicáveis tanto aos povos quanto às sociedades e aos indivíduos.

Os 22 Arcanos Maiores devem ser estudados, sobretudo, por quem pretende utilizar o tarô, pois já não há cartas análogas nos baralhos atuais.

Para facilitar o estudo, podemos considerar que os 22 Arcanos Maiores são formados por três séries de sete cartas, numeradas de 1 a 21, com uma carta de número 0 situada entre a 20ª e a 21ª e denominada O Louco.

---

4. Papus se refere aos naipes dos baralhos comuns de jogo, presumindo que estes descendem do tarô. (N. do RT.)

5. Foram mantidos os termos de Papus: *Rei, Dama, Cavaleiro* e *Valete*. Para evitar distanciamento entre *O Tarô Adivinhatório* e outros livros e baralhos de tarô, faz-se necessário esclarecer que *Dama* e *Valete* equivalem, respectivamente, a *Rainha* e *Pajem*, termos análogos e mais frequentes na literatura tarológica publicada tanto no Brasil quanto na de língua inglesa, com *Queen* e *Page*, por exemplo. (N. do RT.)

Para conhecer o sentido desses arcanos, elaborados durante muitos anos por Etteilla,[6] é preciso recorrer às figuras exibidas mais adiante nesta obra e estudá-las em sequência.

No capítulo VI, apresentaremos um estudo especial sobre os significados de cada carta.

---

6. O autor exalta, aqui, a importância de Etteilla como decodificador do tarô para o ofício da adivinhação, embora os arcanos sejam muito mais antigos. Papus toma Etteilla como ponto de partida para apresentar as cartas e reconhece a importância de seus esforços para sistematizar a cartomancia. (N. do RT.)

Capítulo II

As 78 Lâminas do Tarô com Todas as suas Correspondências

(Desenhos de Gabriel Goulinat)

"Nas cartas que acompanham este livro, colocamos todas as correspondências dos arcanos, a fim de explicitar as relações naturais de cada carta." (AOR)

Disposições dos Arcanos Maiores

Os Arcanos Maiores são dispostos da seguinte maneira:
No centro, a figura hieroglífica, reconstituída segundo os documentos mais autênticos que conseguimos reunir.

No alto, o número.

À esquerda, as correspondências do número e do signo nos alfabetos. Esses alfabetos são: 1º) o francês; 2º) o hebraico; 3º) o sânscrito; 4º) o signo egípcio correspondente; 5º) o signo do Vatan, conforme o arqueômetro de Saint-Yves d'Alveydre e com a autorização especial do autor.

Essas correspondências serão preciosas para os ocultistas de qualquer escola e para os pesquisadores das altas ciências.

Embaixo, o sentido tradicional da lâmina em letras maiúsculas. Mais abaixo, os três sentidos: espiritual, moral ou alquímico e físico. O último é o que se usa para a adivinhação. Portanto, para o tarô adivinhatório, basta ler o nome que se encontra na base de cada lâmina.

À direita se encontram as correspondências astronômicas, que permitem determinar o dia ou o mês.

Convidamos os leitores a recortar 78 pedaços de papelão, com 0,10 metro de largura por 0,17 metro de comprimento, e a colar nesses pedaços de papelão cada uma das 78 lâminas. Desse modo, teremos como estudar com êxito o tarô adivinhatório.

A seguir, damos um exemplo de Arcanos Maiores (Arcano 8) e outro de Arcanos Menores (2 de Copas).

Para facilitar a consulta, todas as estampas estão disponíveis no final do volume.

Reprodução de uma lâmina dos Arcanos Maiores.

Reprodução de uma lâmina dos Arcanos Menores.

Capítulo III

A Interpretação, Tiragem e Leitura das Lâminas do Tarô

Princípios Gerais

Arcanos Maiores

Significado do Ponto de Vista Adivinhatório

Os Arcanos Maiores são constituídos por 22 lâminas simbólicas, ainda não estudadas sob a perspectiva do tarô adivinhatório.

O sentido de cada lâmina é bastante fácil de compreender se as considerarmos uma a uma, à medida que seu significado é descrito.

De resto, uma regra geral ajudará a memória a esse respeito. Isso porque as sete primeiras cartas indicam, sobretudo, o *aspecto intelectual* do homem; as sete seguintes, seu *aspecto moral*; e as sete últimas, os diversos *acontecimentos de sua vida material*. Dito isso, apresentamos a seguir o sentido das 22 lâminas de nosso tarô:

1. O Mago	significa:	o Consulente.
2. A Papisa[7]		a Consulente.
3. A Imperatriz		Ação. Iniciativa.
4. O Imperador		Vontade.
5. O Papa		Inspiração.
6. O Enamorado		Amor.
7. O Carro		Triunfo. Proteção providencial.
8. A Justiça		Justiça.
9. O Eremita		Prudência.
10. A Roda da Fortuna		Fortuna. Destino.
11. A Força		Força.
12. O Pendurado		Provação. Sacrifício.
13. A Morte		Morte.
14. A Temperança		Temperança. Economia.
15. O Diabo		Força maior. Doença.
16. A Casa de Deus		Ruína. Decepção.
17. A Estrela		Esperança.
18. A Lua		Inimigos ocultos. Perigo.
19. O Sol		Felicidade material. Casamento fecundo
20. O Julgamento		Mudança de posição.
21. O Louco[8]		Ação impensada. Loucura.
22. O Mundo		Sucesso garantido.

---

7. Tanto este arcano quanto o décimo sexto conservam os títulos de acordo com a tradição francesa: *La Papesse* e *La Maison Dieu*. Os termos A Sacerdotisa (*The High Priestess*) e A Torre (*The Tower*) foram difundidos por pensadores ingleses, como McGregor Mathers, Waite e Crowley, e assim prevalecem. (N. do RT.)

8. Papus assenta O Louco entre O Julgamento e O Mundo por seguir os estudos de Éliphas Lévi, que propõe a correspondência entre os Arcanos Maiores e as 22 letras hebraicas para sustentar suas teorias cabalísticas. A primeira letra, *Aleph*, é associada ao arcano O Mago; a vigésima primeira, *Shin*, ao arcano O Louco; e a última, *Tav*, ao arcano O Mundo. Note-se que Papus atribui "0 (ou 21)" ao arcano O Louco e "21 (ou 22)" ao arcano O Mundo, mantendo flexíveis e arbitrárias as associações em respeito à numeração francesa dos Arcanos Maiores, cujo exemplo favorito do autor é a de *O Tarô de Marselha* (O Louco, sem número, no início ou no fim da sequência de 1 a 21), isenta de qualquer associação com o alfabeto hebraico. (N. do RT.)

Base de Aplicação Desses Dados. Estabelecendo a Sorte.

A partir de agora, temos condições de utilizar nosso tarô do ponto de vista adivinhatório.

Entretanto, antes de abordar o tema, é necessário estabelecer o plano que seguiremos na disposição das cartas.

De fato, conhecer o sentido das lâminas é apenas a primeira parte da arte da cartomancia, mas saber colocá-las é ainda mais importante. Como já dissemos, não se deve partir de dados astronômicos, e o tarô só deve ser empregado para representar as revoluções dos astros, fonte dos acontecimentos futuros. Porém, esse é o domínio da Astrologia, e temos de nos restringir àquele da tiragem das cartas de tarô, governadas pelo acaso.

Mesmo assim, traremos para esse estudo o máximo número possível de elementos positivos. A referência ao início dessa terceira parte (Chave das Aplicações do Tarô) nos será suficiente para vermos que a vida humana evolui por meio de quatro grandes períodos, designados com os nomes de:

Infância
Juventude
Meia-idade
Velhice

Se em vez de nos ocuparmos da vida humana quisermos apenas observar a evolução de *um acontecimento*, este também passará por quatro grandes fases evolutivas:

Começo
Apogeu
Declínio
Queda

Portanto, nos lugares a serem ocupados pelas cartas, temos de determinar, inicialmente, quatro pontos opostos, dois a dois, nos quais colocaremos as lâminas que nos revelarão o desconhecido.

Desse modo, nosso primeiro ponto estabelecido é a *determinação dos quatro lugares a serem ocupados pelas cartas.*

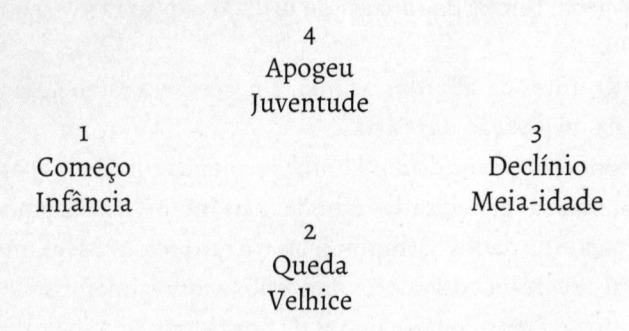

                              4
                        Apogeu
                      Juventude
1   3
Começo   Declínio
Infância   Meia-idade
                            2
                        Queda
                        Velhice

Vale notar que a disposição dos pontos vai da *esquerda para a direita,* como indicado pela ordem dos números, enquanto os símbolos são lidos da *direita para a esquerda.*

Essa observação é muito importante para a interpretação das cartas.

A vida humana, ou o acontecimento, se move em três períodos bem distintos:

                        Passado
                        Presente
                        Futuro

O que pode ser representado pela figura:

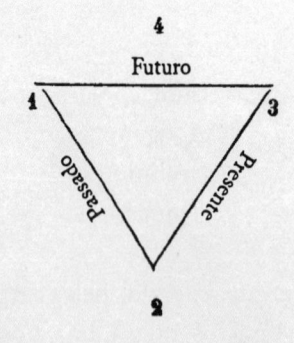

                            4
                          Futuro
                 1 ─────────── 3
                    \\   /
                Passado *Presente*
                      \\ /
                        2

O centro da figura é ocupado pelo consulente.

A disposição do triângulo segue a ordem dos algarismos, não a dos símbolos. Porém, como quatro pontos não são suficientes para reproduzir com exatidão a trajetória do Sol no céu, para as grandes tiragens do tarô, tomaremos 12 pontos correspondentes aos 12 meses do ano. A figura obtida nos servirá para consultar o tarô sobre os acontecimentos corriqueiros. Para os grandes acontecimentos da vida, teremos os 12 pontos da figura da página 52.

Em resumo, obteremos a figura a seguir, que devemos ter em mente para a disposição de nossas cartas quando se tratar dos grandes acontecimentos da vida.

O TARÔ ADIVINHATÓRIO

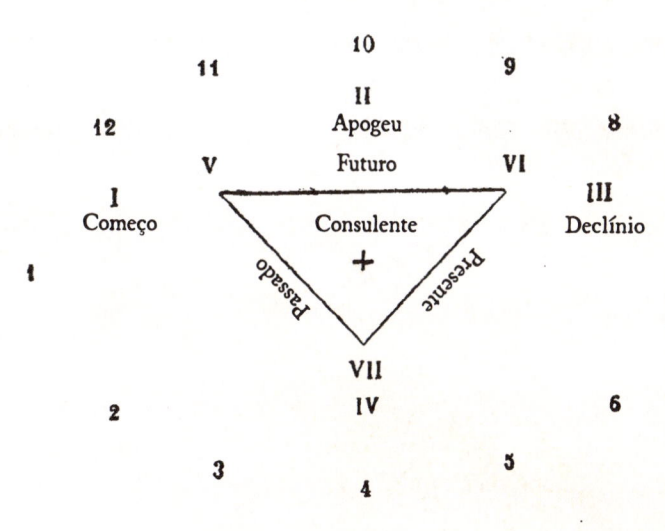

Chave da disposição das cartas.

Essa figura, composta de três círculos, deve ser bem estudada.

1) Um círculo externo, formado por 12 *casas*, que serão ocupadas pelos *Arcanos Menores*. As casas estão dispostas *da esquerda para a direita*, como indicado pelos números.

2) Um segundo círculo intermediário, composto por quatro casas, dispostas da *direita para a esquerda*.

3) Por fim, um círculo central, formado pelo triângulo e contendo uma casa em cada ponta, o que dá um total de três casas.

Essas três últimas casas e as quatro que as precedem serão preenchidas pelos *Arcanos Maiores*.

No centro da figura estará o(a) consulente conforme o caso.

A Prática da Tiragem do Tarô

I. Processo rápido

Suponhamos que se trate de fazer previsões para uma situação qualquer. Como devemos proceder?

1) Pegue os Arcanos Menores e separe o naipe que se refere ao gênero da consulta pedida.

Caso se trate de um *negócio a ser iniciado*, pegue os arcanos de Bastões.

Se for um *caso de amor*, pegue os de Copas.

Se for um *processo jurídico* ou uma disputa qualquer, pegue as cartas de Espadas.

Em se tratando de um *assunto financeiro*, pegue as de Denários.

2) Embaralhe bem as cartas escolhidas e peça para o consulente cortá-las.

3) Pegue, então, as quatro primeiras cartas que se encontram por cima do maço e disponha-as em cruz, viradas para baixo, da esquerda para a direita, como indicado pelos números.

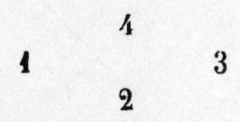

```
            4
     1          3
            2
```

4) Em seguida, pegue os Arcanos Maiores (que sempre devem ser separados dos Arcanos Menores), embaralhe-os e peça para o consulente cortá-los.

5) Feito isso, peça para o consulente escolher *sete cartas* desses Arcanos Maiores. Passe-as a ele sem olhar quais são.

6) Embaralhe essas sete cartas, peça para o consulente cortá-las, pegue as três primeiras do maço e disponha-as viradas para baixo em triângulo, na seguinte ordem:

```
     I          II
           III
```

Obteremos, assim, a figura a seguir:

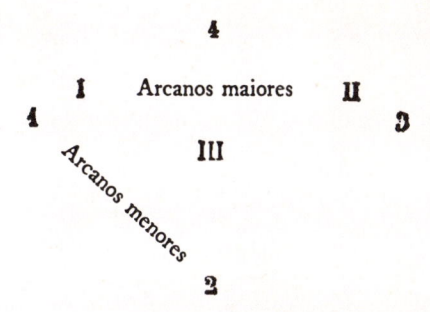

```
                    4
           1   Arcanos maiores   II
         4                            3
              Arcanos    III
                menores
                    2
```

7) Vire as cartas e leia o sentido dos oráculos, observando que a carta colocada no número 1 indica o *começo*.

Aquela colocada no número 2 indica o *apogeu*; no número 3, os *obstáculos*, e no número 4, a *queda*.

O Arcano Maior colocado em I indica o que influiu sobre o *passado*.

O Arcano Maior em II indica o que influi sobre o *presente*.

Por fim, o Arcano colocado em III indica o que influirá sobre o *futuro* e o determinará.

Com a prática, tudo isso se faz com rapidez. É importante notar que, quando as cartas são tiradas pelo processo rápido, as figuras deixam de representar exclusivamente pessoas com cor particular de cabelos.

O Rei representa um homem sem outra distinção; a Dama, uma mulher; o Cavaleiro, um rapaz; e o Valete, uma criança.

II. Processo desenvolvido

1) Embaralhe os Arcanos Menores e peça para o consulente cortá-los.

2) Pegue as 12 primeiras cartas de cima do maço e coloque-as em círculo, como mostrado a seguir:

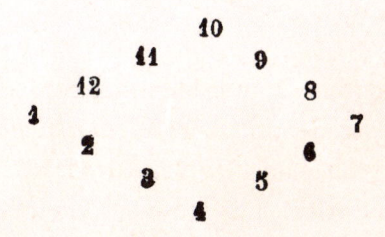

```
                10
            11      9
         12            8
       1                 7
         2             6
            3      5
                4
```

3) Embaralhe os Arcanos Maiores e peça para o consulente cortá-los e escolher *sete cartas*.

4) Pegue as quatro primeiras cartas de cima do maço e coloque-as diante das lâminas dispostas nos números 1, 10, 7 e 4, como segue:

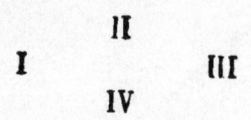

```
        II
   I        III
        IV
```

5) Por fim, coloque as três últimas cartas em forma de triângulo no centro da figura:

```
     V         VI
          VII
```

Desse modo, você obterá a seguinte figura geral, já apresentada anteriormente:

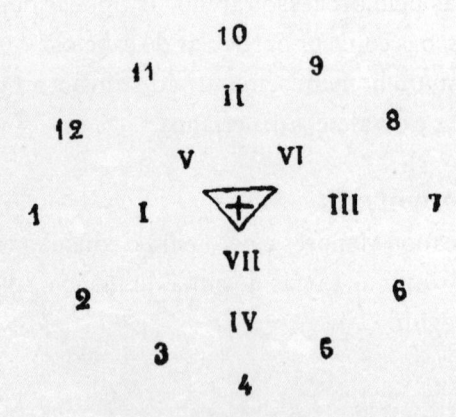

```
              10
         11        9
              II
      12              8
           V    VI
    1    I   ✧   III   7
              VII
         2         6
              IV
           3     5
              4
```

Coloque O Mago (se o consulente se identifica com o gênero masculino) ou A Papisa (se o consulente se identifica com o gênero feminino) no centro dessa figura, caso ele(a) já não tenha saído nas cartas tiradas. Se já tiver saído, coloque essa carta no centro e substitua-a da mesa por uma nova carta dos Arcanos Maiores, escolhida pela própria pessoa.

Os 12 Arcanos Menores indicam as diferentes fases pelas quais passa a vida do indivíduo ou a evolução do acontecimento durante os quatro grandes períodos:

Começo, indicado pelo Arcano Maior I, que mostra seu temperamento; *apogeu* (Arcano II); *declínio ou obstáculo* (Arcano III); *queda* (Arcano IV).

Por fim, os três Arcanos Maiores colocados no centro indicam o caráter especial do horóscopo no *passado* (V), no *presente* (VI) e no *futuro* (VII).

O futuro é indicado nos Arcanos Menores pelas lâminas colocadas de 7 a 12; o passado, por aquelas colocadas de 1 a 4; e o presente, pelas de 4 a 7.

Todos esses algarismos indicam os números dos *lugares* ocupados pelos próprios arcanos. Não se deve julgar, portanto, que é sempre o Arcano VII a ocupar o lugar de número VII. De resto, nossos leitores são inteligentes o suficiente para que tenhamos de insistir no assunto.

Após a leitura das seções 2 e 3, a explicação do sentido dos arcanos não oferecerá nenhuma dificuldade.

No mais, a prática ensinará todos esses detalhes melhor que qualquer teoria.

O Tarô

Modo de Proceder para Obter os Oráculos

(J.-G. Bourgeat, *Le Tarot*. Chacornac, ed.)

Tomamos de empréstimo o seguinte estudo da excelente obra de J.-G. Bourgeat (*Le Tarot*):[9]

O TARÔ (1)

Sobre o Modo de Proceder para Obter os Oráculos

I

A Pomba. Tire do baralho (sempre como indicamos) tantas cartas quantas letras houver no nome da pessoa amada. Em seguida, procure no baralho a carta do

---

[9]. Além de *Le Tarot* (1906), o ocultista francês Jean Gaston Bourgeat também publicou *La Magie* (1895) e *L'Empire du Mystère* (1910). Neste último, oferece os significados adivinhatórios das cartas de jogo. A ele Papus atribui a autoria dos três métodos transcritos: A Pomba, O Gavião e As Pérolas de Ísis. (N. do RT).

consulente (Arcano XXII), bem como a que deve representar a pessoa amada (Valete, Dama ou Rei). Junte essas cartas às obtidas anteriormente e coloque-as em semicírculo, com as figuras viradas para baixo.

Em seguida, tire ao acaso uma carta por vez, lentamente, e disponha-as com a figura para cima, de modo que formem um semicírculo (sempre da esquerda para a direita).

Depois de terminada a interpretação, embaralhe-as e forme três montes.

O primeiro deles é para o consulente ou para o coração dele.

O segundo é para o coração da pessoa amada.

O terceiro, para o imprevisto.

II

O Gavião. A operação é exatamente a mesma; porém, em vez de se referir à pessoa amada, refere-se a um inimigo.

Termina-se pelos três montes seguintes:

O primeiro é para o consulente.

O segundo, para o inimigo.

O terceiro, para o imprevisto.

III

As Pérolas de Ísis. Tire do baralho sete cartas, que devem ser cobertas por outras sete, formando cruzes.

As cartas devem ser interpretadas uma após a outra.

Concluiremos com o método dos ciganos, extraído de um livro antigo, em catalão.[10]

A seguir, o original, em língua espanhola, seguido da tradução em português:

---

10. *El libro negro...* Manuel Sauri, editor, Barcelona. [O livro em questão, citado de forma incompleta por Papus, é *El Libro Negro ó la Magia*, de Hortensio Flamel, editado em Barcelona por Manuel Sauri, em 1866. O método transcrito por Papus no idioma original se encontra em um capítulo sobre cartomancia e variados métodos de adivinhação (N. do RT.)].

"Para adivinar con los naipes según el método de las Gitanas.

Toma toda la baraja, y después de haberla bien barajado harás doce montones de à cuatro naipes cada uno.

Reducirás al primer montón todas las cuestiones que conciernen à la vida del hombre, su constitución, su temperamento, su cuerpo, sus costumbres y la duración de su vida.

Al segundo montón: su fortuna o pobreza, sus posesiones, comercio y empresas.

Al tercer montón: sus asuntos de familia.

Al cuarto montón: los bienes inmuebles, las herencias, los tesoros ocultos y los beneficios que le esperan.

Al quinto montón: el amor, la preñez de las mujeres, el nacimiento, el sexo y número de los niños, las correspondencias amorosas y los robos domésticos.

Al sexto montón: las enfermedades, sus causas, su tratamiento y curación.

Al séptimo montón: el matrimonio y las enemistades.

Al octavo montón: la muerte.

Al nono montón: las ciencias y artes, los oficios y varias profesiones del hombre.

Al décimo montón: todo objeto que tenga relación con el gobierno y la administración del Estado.

Al undécimo montón: la amistad, la beneficencia y los sentimientos generosos.

Al duodécimo montón: los males, pesares y persecuciones de toda clase.

Para resolver una cuestión no basta tomar un solo montón, sino que es preciso tomar tres para formar el Trígono. Estos trígonos son en numero de cuatro, a saber:

1	5	9
2	6	10
3	7	11
4	8	12

Supongamos por ejemplo que tu cuestión sea: ¿Tal persona es amada por tal otra?

Esta cuestión pertenece al quinto montón: la tomas toda y colocas en fila los cuatro naipes. – Tomas enseguida la nona y colocas los naipes debajo de aquellas.

Luego tomas la primera, y colocas los naipes en tercera línea".

Tradução

Para adivinhar com as cartas segundo o método das ciganas.

Pegue todo o baralho e, depois de embaralhar bem as cartas, faça 12 montes de quatro cartas cada um.

Atribua ao primeiro monte todas as questões referentes à vida humana, sua constituição, seu temperamento, seu corpo, seus costumes e a duração de sua existência.

Ao segundo monte: sua fortuna ou pobreza, suas posses, seu comércio e suas empresas.

Ao terceiro monte: seus assuntos de família.

Ao quarto monte: os bens imóveis, as heranças, os tesouros ocultos e os benefícios que lhe cabem.

Ao quinto monte: o amor, a gravidez, o nascimento, o sexo e o número de filhos, as correspondências amorosas e os roubos domésticos.

Ao sexto monte: as enfermidades, suas causas, seu tratamento e sua cura.

Ao sétimo monte: o matrimônio e as inimizades.

Ao oitavo monte: a morte.

Ao nono monte: as ciências e as artes, os ofícios e as várias profissões do homem.

Ao décimo monte: todo objeto que estiver relacionado ao governo e à administração do Estado.

Ao décimo primeiro monte: a amizade, a beneficência e os sentimentos generosos.

Ao décimo segundo monte: os males, os sofrimentos e as perseguições de todo tipo.

Para resolver uma questão, não basta escolher apenas um monte; são necessários três para formar o trígono. Esses trígonos são em número de quatro:

1	5	9
2	6	10
3	7	11
4	8	12

Suponhamos, por exemplo, que sua pergunta seja: tal pessoa é amada por tal outra?

Essa pergunta pertence ao quinto monte. Pegue-o e enfileire as quatro cartas. Em seguida, pegue o nono monte e disponha as cartas embaixo das do quinto. Por fim, pegue o primeiro monte e coloque as cartas na terceira linha.

Falta a interpretação.

Esse método dos boêmios é uma adaptação das casas astrológicas ao tarô (Papus).

Interpretações das 32 cartas

(Segundo o célebre Moreau)

Como nos sete processos apresentados anteriormente só se empregam os Arcanos Menores, faremos uma interpretação sumária das 32 cartas,[11] deixando para o próximo capítulo a interpretação completa.

---

11. Embora possa causar estranhamento no leitor, a descrição que Papus apresenta a seguir de apenas 32 cartas – os quatro Reis, as quatro Damas, os quatro Valetes, os quatro Ases, os quatro Dez, os quatro Noves, os quatro Oitos e os quatro Setes de cada naipe – é decorrente dos métodos corriqueiros de leitura com baralhos contendo essa exata quantidade de cartas. A difusão desses procedimentos se deu com Etteilla, a partir de 1770, com a publicação de seu manual *Etteilla, ou Maniére de se récréer avec un jeu de cartes, par M****, considerado o primeiro tratado de cartomancia. Ele era aplicado com provável *jeu de piquet*, isto é, com um baralho comum de 32 lâminas. Papus mantém essas descrições como forma de honrar as metodologias populares de adivinhação. (N. do RT.)

Em seguida, apresentaremos os processos em que se empregam os 78 Arcanos, sem distinção de lâminas. (AOR)

Os Reis

Rei de Denários: militar; *invertido*: homem do campo.
Rei de Copas: homem de negócios louro; *invertido*: homem generoso.
Rei de Espadas: homem de toga; *invertido*: homem mau.
Rei de Bastões: homem moreno, fidelidade; *invertido*: doenças masculinas.

As Damas

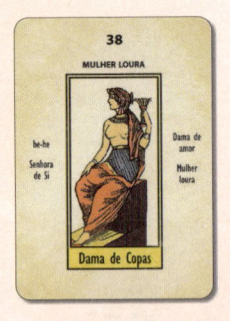

Dama de Denários: mulher traidora; *invertida*: mulher do campo.
Dama de Copas: boa mulher loura; *invertida*: boa mulher.
Dama de Espadas: viúva; *invertida*: mulher má.
Dama de Bastões: mulher amada; *invertida*: indecisão.

Os Valetes

Valete de Denários: traidor; *invertido*: doméstico.
Valete de Copas: homem jovem e louro; *invertido*: pensamentos do homem louro.
Valete de Espadas: traído; *invertido*: doença.
Valete de Bastões: homem fiel; *invertido*: indecisão.

Os Ases

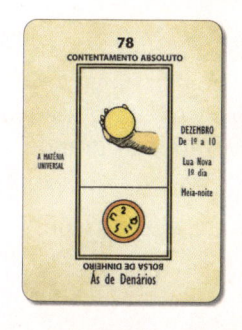

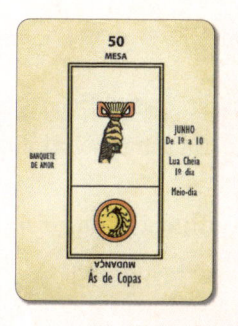

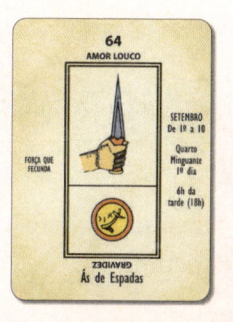

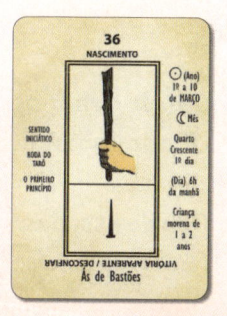

Ás de Denários: grande novidade; *invertido*: carta, bilhete.
Ás de Copas: casa generosa; *invertido*: casa perversa.
Ás de Espadas: processo, gravidez; *invertido*: carta, coisa sem importância.
Ás de Bastões: dinheiro (fortuna, heranças, economia, donativos); *invertido*: amor.

Os Dez

Dez de Denários: campo seguro; *invertido*: atraso.
Dez de Copas: descanso pleno (residência, família, amor); *invertido*: descanso incompleto.
Dez de Espadas: aborrecimentos; *invertido*: pranto.
Dez de Bastões: fortuna; *invertido*: amores.

Os Noves

Nove de Denários: estrada (alegria, certeza, segurança, fortuna durável) ou viagem; *invertido*: atraso.
Nove de Copas: vitória ou presente; *invertido*: grande vitória.
Nove de Espadas: morte (ódio, persistência, perda, decepção); *invertido*: prisão.
Nove de Bastões: dinheiro (atrasos, adiamentos, questões domésticas); *invertido*: roda da fortuna.

Os Oitos

Oito de Denários: iniciativa; *invertido*: mesmo significado.
Oito de Copas: alegria, prazer, satisfação (ou uma moça loura); *invertido*: grande alegria.
Oito de Espadas: intenso sofrimento (conflito, choque, combate, desgosto profundo); *invertido*: inquietude.
Oito de Bastões: declaração de amor; *invertido*: ciúme.

Os Sete

Sete de Denários: discussão; *invertido*: falatório, intrigas.
Sete de Copas: favor, graça, namoros, êxito no amor (ou criança loura); *invertido*: criança.
Sete de Espadas: moça morena; *invertido*: falatório, intrigas.
Sete de Bastões: criança morena; *invertido*: bastardo.

A Tiragem de Cartas por 15

Começaremos pela tiragem de cartas por 15, seguindo o método francês, que é o mais empregado.

Pegue um baralho de 32 cartas. Depois de embaralhá-las bem, corte-as, se estiver fazendo a tiragem para você mesmo, ou peça para o consulente cortá-las, sempre com a mão esquerda. Em seguida, faça dois montes de 16 cartas cada um. Escolha ou peça para o consulente escolher um desses montes. Separe a carta de baixo, que será a surpresa, e disponha as outras 15 à sua frente, da esquerda para a direita, observando, inicialmente, se a pessoa que representa o consulente faz parte dessas 15 cartas. Caso não esteja entre elas, será necessário embaralhar de novo as 32 cartas e recomeçar a operação, até essa carta se encontrar no monte escolhido.

Suponhamos, por exemplo, que, ao tirar as cartas, depois de tê-las embaralhado e cortado, no monte escolhido pelo consulente, se encontrem as 15 cartas a seguir:

Ás de Copas, Nove de Bastões, Rei de Copas, Dez de Denários, Nove de Copas, Oito de Copas, Ás de Denários, Valete de Denários, Dama de Espadas, Ás de Bastões, Nove de Denários, Sete de Bastões, Sete de Denários, Sete de Copas e Oito de Bastões, como carta de reserva.

Eis a solução para essas 15 cartas: como o Ás de Copas é seguido pelo Nove de Bastões, pelo Rei de Copas, pelo Dez de Denários, pelo Nove de Copas, pelo Oito de Copas e pelo Ás de Denários, essas sete cartas indicam bom lucro, grande êxito comercial e solução de negócios. Seguidas das sete primeiras, as cartas Valete de Denários, Dama de Espadas, Ás de Bastões, Nove de Denários, Sete de Bastões, Sete de Denários, Sete de Copas e a carta surpresa, que é o Oito de Bastões, anunciam a súbita chegada de um militar, campo e grande lucro para quem quer que seja.

Essa é a primeira solução.

Embaralhe novamente as 15 cartas, divida-as em três montes, sempre colocando uma carta à parte, depois de pedir para o consulente cortá-las. Isso deve ser feito três vezes. Pegue a primeira ou a última carta, que deve ser acrescentada à que já foi posta de lado para a surpresa. Em seguida, peça ao consulente para designar um monte para ele, outro para a casa e o terceiro para o inesperado. Depois de designados esses montes, interprete-os um após o outro. Explique-os sucessivamente, seguindo o valor individual e o relativo das cartas, e conclua com o monte da surpresa.

A Tiragem de Cartas por 21

Depois de embaralhar as 32 cartas, separe as 11 primeiras e disponha as outras 21 da esquerda para a direita. Caso o consulente se encontre nessas 21 cartas, apresente a explicação.

Porém, se ele não estiver entre elas, recomece a operação, conforme indicado na tiragem de cartas por 15. Proceda do mesmo modo, pois a única diferença consiste no fato de os três montes – para o consulente, para sua casa ou para o inesperado – ser de seis cartas, enquanto o monte chamado de "surpresa" é de apenas três. (AOR)

A Tiragem de Cartas por Três

Depois de embaralhar bem as cartas, peça para o consulente cortá-las com a mão esquerda e virá-las sucessivamente, de três em três. Sempre que em três cartas houver duas do mesmo naipe, deve-se colocar de lado a de maior valor. Se as três cartas forem do mesmo naipe ou tiverem o mesmo valor, como três Reis, três Damas, três Ases etc., deve-se colocar as três de lado. Em seguida, embaralham-se de novo as cartas restantes, pede-se para cortá-las e, recomeçando a tiragem por três, continua-se até que 15 cartas sejam colocadas de lado, e o consulente esteja incluído nelas. Se não estiver, será necessário recomeçar até ele aparecer. Tomam-se, então, essas 15 cartas, e procede-se com o restante, como já indicado para a tiragem de cartas por 15.

A Tiragem de Cartas por Sete

O método de tiragem de cartas por sete difere um pouco daquele por três. Depois que as cartas foram embaralhadas e cortadas, desconsidere as seis primeiras e coloque a sétima de lado. Continue assim até o fim do baralho, recomeçando três vezes: o resultado será de 12 cartas. Se o consulente não estiver nessas 12 cartas, é preciso recomeçar a operação. A maneira de explicar os encontros ou a aproximação das cartas sempre é realizada de forma idêntica.

A Tiragem de Cartas por 22 ou a Formação da Grande Estrela

Supondo-se que o consulente seja um homem louro, ele será representado pelo Rei de Copas. Nesse caso, pegue essa carta e coloque-a sobre a mesa com a figura à mostra. Feito isso, embaralhe as 31 cartas restantes, peça para o consulente cortá-las, desconsidere as dez primeiras e coloque a décima primeira em posição transversal, aos pés do Rei de Copas. Peça para o consulente cortar as cartas novamente. Em seguida, coloque a carta de cima no topo da carta do consulente (ou do Rei de Copas). Procedendo sempre do mesmo modo, disponha sucessivamente todas as cartas na ordem representada pelos números do quadro da página 74.

Como vemos, as 21 cartas que cercam o Rei de Copas são: Ás de Espadas, Ás de Bastões, Ás de Denários, Oito de Copas, Valete de Copas, Dama de Espadas, Dama de Bastões, Oito de Espadas, Valete de Denários, Dez de Denários, Sete de Copas, Sete de Bastões, Dez de Bastões, Nove de Espadas, Oito de Denários, Valete de Espadas, Rei de Espadas, Sete de Espadas, Dez de Copas e Sete de Denários. As cartas tiradas sucessivamente deverão formar o conjunto seguinte.

Para explicar essas cartas, comece pelo perímetro mais longo, de número 16, ou Oito de Denários, na qual se lê o termo "partida", e junte-o ao número 14, ou ao Nove de Espadas. Para realizar a interpretação das outras cartas, continue a explicá-las de duas em duas, partindo do perímetro mais externo. Em seguida, passe para a explicação das cartas que formam os perímetros de segunda grandeza, começando pela esquerda e avançando para a direita: Dez de Denários com Dama de Espadas, e assim por diante.

Proceda do mesmo modo para explicar as quatro cartas que formam os perímetros centrais: Ás de Denários com Oito de Copas, Ás de Espadas com Ás de Bastões.

Resta uma última carta aos pés do Rei de Copas: o Sete de Denários. Deve-se interpretá-la seguindo o que foi dito anteriormente, no quadro do significado individual das cartas.

Processo da Célebre Madame Flonka[12]

Pega-se um maço só de Arcanos Menores, excluindo-se os números 2, 3, 4, 5 e 6, de modo que restem 32 cartas, e embaralha-se bem.

Se a tiragem for para um homem, toma-se o Rei de Copas para representar o consulente; se for para uma mulher, a Dama de Copas.

A carta que representa o consulente será colocada no centro da mesa, com a figura à vista.

Tiram-se cinco cartas para representar as *condições atuais dos negócios* da pessoa, sendo elas colocadas sobre a carta do consulente.

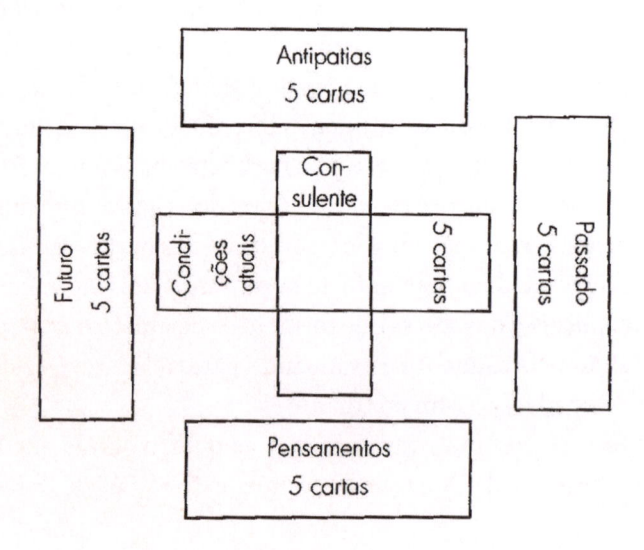

```
                    Antipatias
                     5 cartas

                    Con-
                    sulente
  Futuro   Condi-           5 cartas   Passado
  5 cartas ções                        5 cartas
           atuais

                   Pensamentos
                     5 cartas
```

---

12. Tanto a identidade quanto informações precisas a respeito de Madame Flonka continuam indefinidas, a não ser por poucas fontes virtuais que alegam ter sido uma cartomante francesa do século XVII, XVIII ou XIX. A referência bibliográfica do método de leitura transcrito e explicado por (AOR) também permanece oculta. Algumas páginas da internet associam a Flonka a clássica frase "as cartas não mentem jamais", porém sem quaisquer embasamentos ou registros consideráveis. (N. do RT.)

> Outras cinco cartas, que representarão *as antipatias da pessoa*, serão colocadas atrás; os *pensamentos, planos e desejos da pessoa* serão representados por outras cinco cartas postas na frente; outras cartas à direita indicarão o *passado*, e as cinco da esquerda, o *futuro*.
>
> Restam ainda seis cartas, que representam o *futuro imediato*. (AOR)

O Método Italiano

Embora o método italiano seja o menos utilizado de todos, é indispensável ao verdadeiro cartomante. Quem consulta as cartas apenas por divertimento pode dispensar seu uso. Contudo, quem atua no interesse da ciência não deve prescindir do que pode lançar uma luz nova em seu espírito. O método italiano não difere muito do francês. A diferença entre ambos consiste na maneira de obter as cartas a serem explicadas. Eis o modo de proceder:

Depois de embaralhar as cartas, deve-se cortá-las, caso a tiragem seja feita para si mesmo, ou pedir que o consulente as corte (sempre com a mão esquerda).

Em seguida, vire as cartas de três em três. Sempre que entre essas três cartas aparecerem duas do mesmo naipe, deve-se colocar de lado a de maior valor. Se as três forem do mesmo naipe, todas devem ser colocadas de lado. Se forem de naipes diferentes, nenhuma deve ser escolhida. Embaralham-se de novo as cartas, com exceção daquelas separadas. Pede-se ao consulente para cortá-las e recomeça-se a tiragem por três, até se obterem 15 cartas, nas quais se deve encontrar a do consulente. Caso ela não apareça, será necessário recomeçar o processo até ela aparecer. Em seguida, estendem-se essas 15 cartas da esquerda para a direita, com a figura à mostra. Feito isso, examina-se o conjunto. Suponhamos que o consulente seja uma mulher loura, representada pela Dama de Copas, e que as 15 cartas sejam dispostas da seguinte forma:

Ás de Denários	Sete de Bastões
Oito de Copas	Rei de Copas
Ás de Espadas	Nove de Espadas
Dama de Bastões	Sete de Copas

Oito de Espadas	Oito de Denários
Dama de Copas	Dez de Bastões
Valete de Denários	Sete de Espadas
Oito de Denários	

Primeiro examine o conjunto e, ao observar a presença de dois Ases, apresente a explicação, de acordo com a respectiva interpretação, já apresentada. Proceda do mesmo modo com as Damas, os dois Dez, os três Oitos e os três Setes.

Em seguida, conte um sobre a Dama de Copas, que representa a consulente, dois sobre o Valete de Denários, três sobre o Dez de Denários, quatro sobre o Sete de Bastões e cinco sobre o Rei de Copas. Pare nesse ponto e explique o encontro, conforme indicado no método francês.

Recomece contando um sobre o Rei de Copas, no qual você havia parado, e vá até cinco, que é o Dez de Bastões. Continue assim de cinco em cinco e dê a explicação sobre a quinta carta, até ela recair sobre a consulente.

Pegue as cartas, duas a duas, uma à direita e outra à esquerda, e explique-as, como no método francês.

Embaralhe as cartas e peça para a consulente cortá-las. Separe cinco montes, com a figura virada para baixo, e disponha sucessivamente uma carta para o primeiro monte, que é para a consulente; outra para o segundo, que é para a casa; outra para o terceiro, que é para o que se espera; outra para o quarto, que é para o que não se espera; e a última para o quinto monte, que é a surpresa. Continue assim até a última carta, posta de lado para o que se chama de consolação. O monte da surpresa compõe-se apenas de duas cartas, enquanto os outros quatro têm três.

Em seguida, vire os montes, um após o outro, começando pelo primeiro, e explique-os de acordo com a respectiva interpretação, já apresentada.

Observações Gerais

Como não seria possível dar soluções a cada mudança de cartas, é importante conhecer o significado das 32 cartas tratadas anteriormente. Também vale observar, ao longo deste volume, o modo como esse significado é apresentado na tiragem por sete, por 15, por 21 ou em outras tiragens. Assim, poderemos ter nosso próprio oráculo.

Em uma tiragem para alguém, quando saem quatro Ases com os quatro Dez, isso significa grande lucro ou ganho para o consulente, seja de loteria, seja de herança. Os quatro Reis indicam sucesso; as quatro Damas, boatos sobre o consulente; os quatro Valetes, disputa entre homens e batalha.

Ao fazer a tiragem por 15 ou 21, vale observar que, se a maior parte for de cartas brancas, a pessoa em questão terá muito sucesso; se saírem as cinco cartas inferiores de Espadas, o consulente receberá a notícia da morte de um parente ou amigo; se saírem as cinco cartas inferiores de Bastões, ganhará um processo ou qualquer outra coisa; se saírem as cinco cartas inferiores de Denários e Copas, receberá boas notícias do campo e de pessoas que desejam sinceramente a prosperidade do consulente.

Se houver uma separação de corpos e de bens, é preciso fazer a tiragem por 21 cartas. Se saírem os quatro Noves, a separação será certa; se saírem as quatro Damas, jamais haverá separação.

Se se tratar de um caso de ciúme bem fundamentado, entre as 15 cartas aparecerão sete Denários; se o ciúme não tiver fundamento, sairão cinco Copas com o Sete de Bastões.

Em se tratando de um empreendimento de qualquer espécie, serão necessários quatro Ases e o Nove de Copas para o êxito. Se o Nove de Espadas aparecer diante do consulente, ele não terá sucesso.

Caso se trate de um jogo de azar, é preciso que saiam, na tiragem por 21, as oito cartas de Bastões, os quatros Ases e os quatro Reis para ganhar.

Se quisermos saber se um filho procederá bem no futuro e conservará seu patrimônio, os quatro Ases garantem a resposta afirmativa e aliança proporcional aos seus sentimentos. Caso seja uma moça, serão necessários os quatro Oitos e o Rei de Copas, que anunciam a paz e a concórdia no lar.

Para saber quanto tempo as pessoas demorarão para se casar, quer em anos, quer em meses, quer em semanas: se forem anos, o Rei de Espadas aparecerá com a Dama de Copas, o Ás de Espadas e o Oito de Denários. Cada novo Oito representará o mesmo número de anos de demora; cada Nove representará o mesmo número de meses, e cada Sete, o mesmo número de semanas.

Para saber se um homem terá êxito na arte militar, os quatro Reis devem aparecer com os quatro Dez. Se saírem os quatro Ases, ele chegará ao mais alto grau da hierarquia, de acordo com suas capacidades.

Para saber a respeito de uma mudança de bens ou de posto, seja qual for a condição da pessoa – professor(a) ou empregado(a) doméstico(a). Se se tratar de professor(a), serão necessários quatro Valetes, o Dez e o Oito de Denários, bem como o Dez de Bastões, para êxito no emprego. Se sair o Nove de Denários, significa atraso. Caso se trate de empregado(a) doméstico(a), é necessário que saiam o Dez e o Sete de Denários, o Oito de Espadas e as quatro Damas, para êxito no emprego.

Método Original e Inédito de Etteilla para a Tiragem dos Tarôs

(De acordo com uma de suas obras mais raras)

Acabamos de expor um método, em grande parte, pessoal. Assim como jamais tivemos a intenção de nos apropriar do monopólio da arte da cartomante, diremos algumas palavras sobre o método do grande mestre dessa parte do ocultismo: Etteilla!

Seu verdadeiro nome era Alliette,[13] e ele viveu na época da Revolução, trabalhando como barbeiro. Ao se deparar, por acaso, com um baralho de tarô, ficou curioso com sua peculiaridade e resolveu estudá-lo. Após trinta anos de estudo, acreditou ter descoberto o segredo desse livro egípcio. Infelizmente, por não dispor de nenhum dado conciso, Etteilla acabou escrevendo devaneios patéticos, além de resultados realmente maravilhosos de suas intuições. Há uma tendência a caluniar esse fervoroso trabalhador, mas é preciso reconhecer a parte real de verdade contida em suas obras, sem dar demasiada atenção à ingenuidade que tira sua beleza.

Seja como for, Etteilla aplicou todos os seus conhecimentos para ler a sorte e, a julgar por seus contemporâneos, cumpriu muito bem seu ofício. Desse modo, tornou-se o deus das futuras leitoras de cartas, que juram apenas por ele.

Eis por que nos contentaremos em expor em detalhes seu método, e não outros, pois julgamos inútil falar daqueles de seus sucessores de saias,[14] que apenas o deturparam sem compreendê-lo.

---

13. Jean-Baptiste Alliette (1738-1791), o primeiro cartomante a assumir o tarô como instrumento adivinhatório e que construiu uma carreira sólida baseada no ofício oracular. Por mais críticas que ocultistas franceses como Lévi e Papus teçam sobre suas publicações e seus métodos, é notável a influência de Etteilla para a difusão e a evolução do tarô no mundo. (N. do RT.)

14. O comentário preconceituoso e misógino, característico da época, diz respeito às cartomantes populares que geralmente respondiam a questões corriqueiras a valores módicos, longe do que o autor considerava ser a real cartomancia. (N. do RT.).

São necessárias quatro combinações para fazer a tiragem completa dos tarôs de acordo com esse método, que aqui serão enumeradas uma a uma.

Primeira combinação. Embaralhe todas as cartas do tarô sem se ocupar dos Arcanos Maiores e Menores. Feito isso, corte e distribua seu baralho em três montes de 26 cartas[15] cada um, como mostrado abaixo:

      26   26   26

Pegue o monte do meio e coloque-o de lado, à sua direita:

      26   26   26 de lado

Restam dois montes de 26 cartas. Pegue-os, embaralhe as cartas, corte-as e distribua-as em três montes de 17 cartas cada um.

      17   17   17
              1

Resta uma carta, com a qual não é preciso se preocupar. Pegue o monte do meio e coloque-o à sua direita, ao lado daquele de 26 cartas que já está nessa posição:

   17   17   17   26 de lado
       *
       1

---

15. Etteilla compreendeu que o número 26 correspondia ao nome divino חיוה, cuja soma dá o seguinte resultado:

   10 + 5 + 6 + 5 = 26
   yod he vav h

Em seguida, pegue as 35 cartas que não foram postas de lado e embaralhe-as bem. Peça para o consulente cortá-las e distribua-as em três montes de 11 cartas cada:

$$
\begin{array}{ccc}
11 & 11 & 11 \\
& 2 &
\end{array}
$$

Restam duas cartas, com as quais não é preciso se preocupar. Como feito anteriormente, pegue o monte do meio e coloque-o à direita, ao lado dos outros dois que já estão nessa posição:

$$
\begin{array}{ccccc}
11 & 11 & 11 & 17 & 26 \\
* & & & & \\
2 & & & &
\end{array}
$$

Feito isso, reúna em um monte as cartas que não foram postas de lado, e você estará pronto para explicar os oráculos.

$$
\begin{array}{c}
* \\
* \quad *
\end{array}
$$

Para tanto, pegue primeiro o monte de 26 cartas que foi separado e distribua-as na mesa, uma a uma, da direita para a esquerda:

26 1

Pegue o monte de 17 cartas e distribua-as sob o primeiro; depois pegue o monte de 11 e distribua-as sob os outros dois. Você obterá a seguinte disposição:

```
Alma        26. .  .  .  .  .  .  .  .  1
Espírito    17. .  .  .  .  .  1
Corpo       11. .  .  .  .  1
            Monte de descarte
                  24
```

Explique o sentido dessas cartas, levando em conta que o monte inferior, de 11 cartas, se refere ao *corpo*, o do meio, de 17 cartas, ao *espírito*, e, por fim, o superior, de 26 cartas, à *alma* do consulente.

Desse modo, Etteilla deduz a tiragem de cartas das considerações sutis sobre a criação do mundo, a Cabala e a Pedra Filosofal. Por enquanto, não vale a pena nos demorarmos nesse tema. Passemos, antes, ao estudo da sequência da tiragem do tarô.

Segunda combinação. Embaralhe as 78 lâminas e peça para o consulente cortá-las. Pegue as 17 primeiras cartas e distribua-as da seguinte forma:

```
17. .  .  .  .  .  .  .  .  .  1
```

Observe, com atenção, a 18ª lâmina, que se encontra em sua mão, depois de você ter colocado as 17 primeiras, e a 78ª, que se encontra embaixo do baralho.

Pelo sentido que formam, essas duas lâminas lhe indicarão se a comunicação fluídica e simpática se estabeleceu entre você e o consulente.

Em seguida, você pode ler os oráculos da linha assim formada, começando, como sempre, pela direita. Depois de ler a linha, passe para a 17ª carta à sua direita, depois para a primeira à sua esquerda, para a 16ª e a segunda até o fim, quando restar apenas uma carta no centro. Essa carta deve ser posta de lado.[16]

---

[16]. Apesar de nosso esforço, talvez não tenhamos entendido direito as palavras de Etteilla, que é muito obscuro em seus livros. De todo modo, essa última operação nos parece totalmente dispensável.

Terceira combinação. Pegue todas as cartas, embaralhe-as e peça para o consulente cortá-las. Em seguida, coloque-as como mostrado na figura, seguindo os números da ordem.

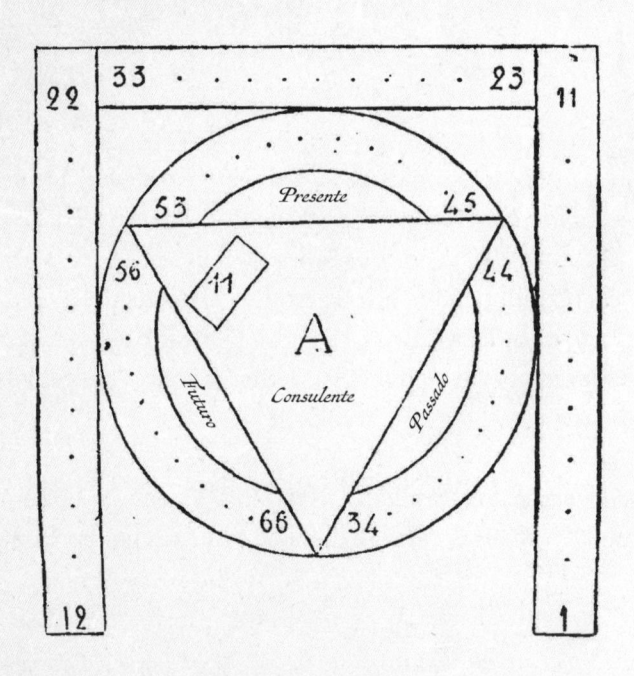

Ver também, na p. 35, a figura extraída do livro de Etteilla (Amsterdã, 1783).

Desse modo, você obterá a grande figura de Etteilla, que fornece a chave do passado, do presente e do futuro do consulente. Portanto, para utilizar com proveito esse método, é necessário ter essa figura sempre em mente. O melhor a fazer é desenhá-la com todos os números em uma mesa ou em uma grande folha de papel e dispor as cartas seguindo a ordem dos números.

Para ler os resultados dessa figura, é necessário virar as cartas de duas em duas, a primeira com a 34ª, a segunda com a 35ª, e assim por diante, para o passado.

A 23ª com a 43ª, a 24ª com a 46ª... a 33ª com a 55ª, para o presente.

A 12ª com a 66ª, a 13ª com a 65ª... a 22ª com a 56ª, para o futuro.

Um estudo do quadro permitirá compreender perfeitamente tudo isso.

Quarta combinação. A quarta combinação é meramente complementar. Serve para obter respostas para as questões que podem ser feitas. Para tanto, devem-se embaralhar todas as cartas, pedir para o consulente cortá-las e tirar as sete de cima do baralho:

7 1

Em seguida, lê-se a resposta.

Esse é o modo de interpretar as cartas de acordo com o método original de Etteilla. Nessas poucas páginas, resumimos um texto dele, obscuro em diversos pontos: *O Livro de Thoth*. Essa obra contém um retrato de Etteilla e, como todas as outras desse autor, é bastante rara. Vale acrescentar que seu método não foi verdadeiramente elucidado por nenhum de seus inúmeros discípulos. É bem provável que sejamos os primeiros a expô-lo com base em princípios tão simples.

No Capítulo VII, apresentamos um complemento desse método com novos esclarecimentos.

QUADRO DA TIRAGEM POR 22

14
9 de Espadas

10
10 de Denários

8
Dama de Bastões

2
8 de Copas

16
8 de Denários

9
Valete de Denários

7
8 de Espadas

18
Rei de Espadas

Consulente

19
7 de Espadas

3
Ás de Espadas

4
Ás de Bastões

20
10 de Copas

21
(na transversal)
7 de Denários

15
Rei de Denários

5
Dama de Espadas

11
7 de Denários

13
10 de Bastões

1
Ás de Denários

6
de Copas

12
7 de Bastões

17
Valete de Espadas

Capítulo IV

As Combinações de Arcanos

Ler os ensinamentos do tarô, lâmina por lâmina, é como tocar piano com um dedo, nota por nota, sem acompanhamento nem harmonia.

A verdadeira leitura do tarô deriva do conhecimento das combinações, ou seja, da influência das cartas umas sobre as outras.

Essa ciência de combinações é justamente a que distingue a velha cartomante, que atua há anos, da jovem cozinheira, que lê as cartas para se divertir.

Há dezenas de milhares de sentidos diferentes, determinados pelas combinações de duas, três ou quatro cartas nos quatro naipes. Obviamente, não poderemos fornecer todos esses sentidos. Antes de tudo, queremos ser claros e dar ensinamentos práticos. Desse modo, citaremos apenas os casos mais frequentes.

Os antigos tinham por hábito combinar a ciência das combinações com a dos números.

Por exemplo, a combinação de Arcano Maior 10, Dez de Bastões e Cavaleiro de Copas dava:

10. Número do Arcano Maior

26. Número do Dez de Bastões (segundo Etteilla)[17]

38. Número do Cavaleiro de Copas

74. Total. A soma desses dois números (7 + 4) dá 11 como resultado, ou seja, o Arcano da Força moral, que revela o sentido da combinação.

---

[17] Papus introduz, em seu *O Tarô Adivinhatório*, a numeração geral que abarca os Arcanos Menores. Esse procedimento, como ele mesmo explicita, deriva da organização que Etteilla estabeleceu para seu baralho (ver pranchas e amostragens no Capítulo VI). (N. do RT.)

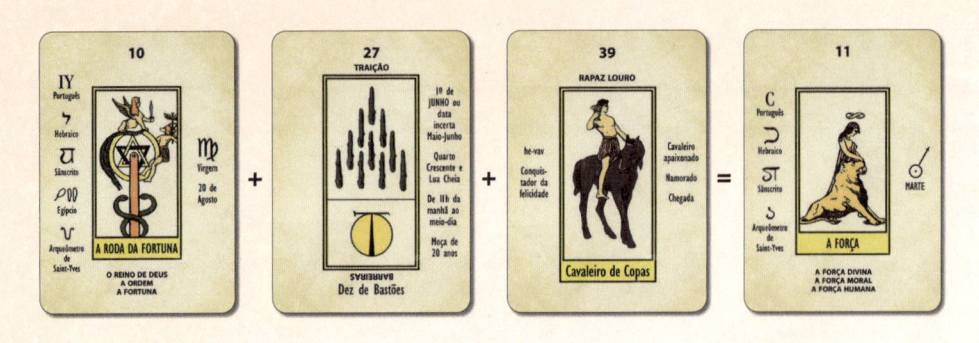

Significado de Duas Cartas Lado a Lado no Conjunto do Baralho[18]

(As cartas marcadas com um asterisco encontram-se na posição invertida.)

O Ás* e o Dez de Copas significam surpresa na casa.
Sete de Copas e Bastões: você está pensando em dinheiro.
Sete de Copas* e Dez de Denários: você terá ouro.
Dez de Bastões e Espadas**: perda de dinheiro.
Dez de Espadas e Bastões**: dinheiro na noite.
Oito de Denários e Ás de Bastões*: presente de ouro.
Ás de Copas e Valete de Denários: você é esperado.
Valete de Copas e Ás de Espadas: preocupação com alguma questão política.
Ás de Espadas e Sete de Espadas*: processo.
Valete de Espadas e Ás de Espadas: segundo casamento.
Dama de Espadas e Oito de Copas: mulher loura e viúva.
Ás de Bastões e Sete de Copas*: muito dinheiro.
Valete de Denários* e Sete de Espadas: você espera alguém.
Dama de Denários* e Rei: homem estrangeiro.
Ás de Espadas* e Dama de Bastões: injustiça.
Rei de Copas* e Ás: salão de baile.
Ás de Bastões perto do Dez: soma em dinheiro.
Rei de Copas* e Ás de Copas*: loja de penhores.

---

18. Daqui em diante, Papus apresenta significados da combinatória com o baralho de 32 cartas, não se dedicando, ainda, ao tarô em si.

Sete de Denários e Dama**: discussão, briga.
Dama de Copas* e Rei de Denários: casamento impedido.
Rei e Nove de Espadas**: acusação injusta.
Rei e Dama de Copas: pessoas idosas e respeitáveis.
Oito e Ás de Bastões: declaração de amor.
Valete e Dama de Denários: empregada doméstica.
Dez de Denários e Oito de Copas*: viagem inesperada.
Rei e Ás de Copas**: Bolsa de Comércio.
Rei e Dama de Bastões: marido.
Sete de Copas e Dez de Espadas*: perda de um objeto pequeno.
Dez de Espadas e Sete de Copas*: surpresa, comoção.
Dama de Bastões e Sete de Denários*: discussão.
Oito de Denários e Oito de Bastões: campo remoto.
Dez de Espadas e a carta nº 1: choro de ciúme.
Oito de Denários e Oito de Espadas: indisposição grave.
Ás de Bastões* e Dez de Espadas*: ciúme de amor.
Oito de Denários e Sete de Espadas*: dia no campo indefinido.
Ás de Copas e Dez de Denários: golpe.
Rei* e Ás de Copas: jogo de azar.
Ás de Bastões* e Dez de Copas: surpresa no amor.
Sete de Espadas e Ás de Bastões*: presente de amizade.
Ás de Copas e Sete de Denários: conversa em casa.
Oito de Denários e Sete de Copas*: iniciativa planejada.
Dez de Bastões e Copas: surpresa em dinheiro.

Significado Parcial das 32 Cartas

Reis

Rei de Denários: amizade, casamento; *invertido*: muita dificuldade.
Rei de Copas: contador que cobra algo do consulente; *invertido*: o contrário.
Rei de Espadas: homem de toga com quem o consulente terá algo a tratar; *invertido*: perda de processo, desordem nos negócios.
Rei de Bastões: personagem justo, equitativo, que nos protegerá; *invertido*: má sorte, êxito incerto.

Damas

Dama de Denários: mulher loura do campo que se entretém falando mal do consulente; *invertida*: cobiça, injustiça.
Dama de Copas: mulher honesta e dedicada que fará um favor ao consulente; *invertida*: impedimento de matrimônio.
Dama de Espadas: mulher triste, viúva ou confusa em suas questões; *invertida*: grandes e maus negócios; se a consulente for moça, está sendo traída por quem ama.
Dama de Bastões: mulher morena em rivalidade; ao lado de um homem: fidelidade, preferência por quem está ao seu lado; perto de outra Dama: ela se interessa pela consulente; *invertida*: desejo, ciúme, infidelidade.

Valetes

Valete de Denários: militar, carteiro ou mensageiro que traz notícias; *invertido*: notícias desfavoráveis ao consulente.
Valete de Copas: militar que aparecerá em breve ou jovem que prestará grandes serviços, com o qual o consulente terá ligação. O lado direito ou esquerdo tem o mesmo significado.
Valete de Espadas: mau sujeito, moreno, de maus hábitos; homem indelicado que zomba das coisas mais sagradas; *invertido*: mesma pessoa tentando vencer os obstáculos que se opõem a seus projetos.
Valete de Bastões: um apaixonado, um rapaz de família que busca uma moça; ao lado de uma Dama: denota êxito; ao lado de um homem: anuncia alguém que falará por ele; seguido do Valete de Copas: há um rival perigoso; *invertido*: oposição dos pais do rapaz ao casamento.

Ases

Ás de Denários: cartas e notícias em breve, com a ajuda da marca que indica o topo da carta; *invertido*: notícias tristes.
Ás de Copas: alegria, contentamento; acompanhado de figuras: banquetes, libações; *invertido*: o prazer anunciado terá seus sofrimentos.

Ás de Espadas: vantagens obtidas pela força, conquista, sucesso no amor, paixão violenta; *invertido*: mesmo significado, além de resultado desastroso em que tudo se torna desvantajoso. Se for seguido do Dez e do Nove, denota uma notícia de morte, grande tristeza, traição de pessoas íntimas e até mesmo roubo.

Ás de Bastões: carta que anuncia dinheiro, fortuna próxima, herança, sucesso ou negócios financeiros; *invertido*: alegria, cuja vivacidade será amenizada por algumas preocupações; seguido do Ás de Denários e do Sete de Bastões: ganho, lucro, grande êxito nos negócios, entrada de dinheiro, prosperidade no comércio.

Dez

Dez de Denários: grande alegria, mudança de lugar e campo.
Dez de Copas: alegria, contentamento; se estiver com várias figuras, representa uma pessoa que nos defenderá.
Dez de Espadas: seguido do Ás e do Rei, significa prisão; para uma moça ou mulher, é a traição de amigos.
Dez de Bastões: significa ganho, prosperidade, sucesso em alguma coisa; porém, se for seguido pelo Nove de Espadas, representa o fracasso; caso se trate de um processo, a perda é garantida.

Noves

Nove de Denários: pequeno atraso, mas que não perturba em nada os negócios do consulente.
Nove de Copas: concórdia e contentamento com as pessoas para quem se leem as cartas.
Nove de Espadas: atraso e falta de alguns negócios; seguido do Nove de Denários ou do Ás de Bastões, denota que receberemos dinheiro, mas com atraso.
Nove de Bastões: adiamento, suspensão, demora, obstáculos e contrariedades; ao lado do Dez de Denários: alegria por dinheiro. Esse Arcano denota empreendimentos científicos ou mistérios, para cujo êxito é preciso ter prudência e discrição.[19]

---

19. Os atributos desta carta são da autoria de AOR, por estarem ausentes na obra original de Papus. (N. do RT.)

Oitos

Oito de Denários: significa um rapaz que trabalha no comércio e toma providências para o consulente.

Oito de Copas: se o consulente for casado, significa que os filhos cumprirão instintivamente boas ações; se for solteiro, seus negócios terão sucesso.

Oito de Espadas: representa uma pessoa que lhe trará más notícias; se for seguido do Sete de Denários e estiver ao lado de uma figura qualquer, significa pranto e discórdia para o consulente, perda de emprego ou de reputação.

Oito de Bastões: iniciativas para obter dinheiro ou para os negócios, grandes esperanças, felicidade garantida.

Setes

Sete de Denários: significa boas notícias, sobretudo perto do Nove de Denários e do Ás de Denários; grande êxito nos jogos de azar.

Sete de Copas: se a consulente for moça, essa carta é o anúncio de que terá filhas quando se casar; se for rapaz, ele se casará com uma moça de família.

Sete de Espadas: significa discussão e tormento para a pessoa representada pela carta seguinte, a menos que esteja lado a lado com algumas cartas de Copas; nesse caso, anuncia segurança, independência e libertação de pena.

Sete de Bastões: anuncia fraqueza no amor, em função do consulente; porém, se vier seguido do Sete de Denários e do Nove de Bastões, denota abundância de bens e herança de parentes distantes.

Quando há várias cartas com o mesmo valor, como dois, três ou quatro Reis, Damas ou Valetes, Etteilla lhes confere os seguintes significados:

Observando o Lado que se Encontra na Mão Direita

4 Reis. Grandes honras.
3 Reis. Consulta.
2 Reis. Dica.

4 Damas. Grandes negociações.
3 Damas. Falsidade feminina.
2 Damas. Amiga.

4 Valetes. Doença contagiosa.
3 Valetes. Conflito.
2 Valetes. Inquietação.

4 Ases. Jogo de azar.
3 Ases. Pequeno sucesso.
2 Ases. Logro.

4 Dez. Ex-condenado.
3 Dez. Novo estado.
2 Dez. Mudança.

4 Noves. Bom cidadão.
3 Noves. Grande êxito.
2 Noves. Um pouco de dinheiro.

4 Oitos. Revés.
3 Oitos. Casamento.
2 Oitos. Nova amizade.

4 Setes. Intriga.
3 Setes. Enfermidade.
2 Setes. Novidade.

Observando o Lado que se Encontra na Mão Esquerda

4 Reis. Celeridade.
3 Reis. Comércio.
2 Reis. Projeto.

4 Damas. Más companhias.
3 Damas. Gulodice.
2 Damas. Sociedade.

4 Valetes. Privação.
3 Valetes. Preguiça.
2 Valetes. Operário, obra.

4 Ases. Desonra.
3 Ases. Libertinagem.
2 Ases. Inimigo.

4 Dez. Acontecimento.
3 Dez. Falta.
2 Dez. Espera.

4 Noves. Usura.
3 Noves. Imprudência.
2 Noves. Lucro.

4 Oitos. Erro.
3 Oitos. Espetáculo.
2 Oitos. Obstáculo.

4 Setes. Mau cidadão.
3 Setes. Alegria.
2 Setes. Prostituta.

Combinações de Cartas Três a Três

Os Três Reis

1. Rei de Copas.
2. Rei de Denários.
3. Rei de Bastões.

De um estado de infelicidade, o consulente passará para outro muito feliz; terá bens, honras e riquezas imensas.

   1. Rei de Copas.
   2. Rei de Denários.
   3. Rei de Espadas.

Apesar de todos os esforços para adquirir fortuna mais próspera do que já tem, o consulente não fará nenhum progresso.

   1. Rei de Copas.
   2. Rei de Bastões.
   3. Rei de Denários.

Graças a seus talentos, o consulente mudará de condição e prosperará em termos de honras e riquezas.

   1. Rei de Copas.
   2. Rei de Bastões.
   3. Rei de Espadas.

Sua sucessão lhe trará fortuna e lhe permitirá tornar outras pessoas felizes.

   1. Rei de Copas.
   2. Rei de Espadas.
   3. Rei de Bastões.

A morte de um filho mudará a condição do consulente pela herança que receberá.

   1. Rei de Copas.
   2. Rei de Espadas.
   3. Rei de Denários.

A traição por parte dos amigos do consulente destruirá todas as esperanças quando ele menos esperar, e isso comprometerá sua fortuna, em grande medida.

1. Rei de Bastões.
2. Rei de Denários.
3. Rei de Copas.

O consulente receberá um bem que fora tirado de seus pais. Essa restituição mudará sua condição, dando-lhe fortuna considerável.

1. Rei de Bastões.
2. Rei de Denários.
3. Rei de Espadas.

O consulente será obrigado a restituir um bem do qual usufrui sem lhe pertencer, o que comprometerá sua condição, em grande medida.

1. Rei de Bastões.
2. Rei de Espadas.
3. Rei de Copas.

O consulente encontrará um tesouro oculto que lhe trará fortuna e felicidade.

1. Rei de Bastões.
2. Rei de Espadas.
3. Rei de Denários.

O consulente perderá alguns bens em um incêndio, o que mudará sua condição por algum tempo. Porém, com paciência e trabalho, voltará a ser tão rico quanto antes.

1. Rei de Bastões.
2. Rei de Copas.
3. Rei de Denários.

Por favores merecidos, o consulente se elevará acima de sua condição e mudará de fortuna; as recompensas que receberá atrairão uma infinidade de pessoas invejosas.

1. Rei de Bastões.
2. Rei de Copas.
3. Rei de Espadas.

O consulente nasceu para ser estimado pelos amigos fiéis e benevolentes, que lhe arranjarão um casamento feliz.

1. Rei de Denários.
2. Rei de Copas.
3. Rei de Bastões.

Os favores prestados por bons parentes, ou por algumas amigas benevolentes, elevarão o consulente a uma condição honrada e lucrativa.

1. Rei de Denários.
2. Rei de Copas.
3. Rei de Espadas.

O consulente ganhará um bem considerável no jogo de azar.

1. Rei de Denários.
2. Rei de Bastões.
3. Rei de Copas.

O consulente terá a oportunidade de prestar um grande favor a uma pessoa influente, que lhe demonstrará seu reconhecimento fornecendo-lhe um meio de pedir sua proteção em um serviço que lhe favorecerá por toda a vida.
Com a ajuda de parentes ou amigos, o consulente alcançará a prosperidade.

1. Rei de Denários.
2. Rei de Espadas.
3. Rei de Copas.

O consulente sofrerá infortúnios por ter falado muito mal de uma pessoa importante em uma reunião.

1. Rei de Denários.
2. Rei de Espadas.
3. Rei de Bastões.

Por ter confiado seus negócios a outras pessoas, o consulente sofrerá dissabores causados pela inveja e pela traição.

1. Rei de Espadas.
2. Rei de Copas.
3. Rei de Bastões.

Para obter êxito, o consulente tratará de um assunto sentimental que diz respeito à sua honra e ao seu interesse e será bem-sucedido a seu modo, graças ao auxílio de amigos.

1. Rei de Espadas.
2. Rei de Copas.
3. Rei de Denários.

O consulente e seus bens serão atacados. Um homem corajoso e benevolente o protegerá e livrará de infortúnios.

1. Rei de Espadas.
2. Rei de Bastões.
3. Rei de Copas.

O consulente receberá um presente importante dos parentes ou benfeitores como reconhecimento de sua afeição.

1. Rei de Espadas.
2. Rei de Bastões.
3. Rei de Denários.

O consulente terá um amigo no qual confiará plenamente, o qual roubará suas joias e seu dinheiro.

1. Rei de Espadas.
2. Rei de Denários.
3. Rei de Copas.

O consulente triunfará sobre dois inimigos graças a bons conselhos e será venerado por homens honestos graças à modéstia que acompanhará suas ações vitoriosas.

1. Rei de Espadas.
2. Rei de Denários.
3. Rei de Bastões.

O consulente terá problemas estomacais causados pela água.

Todas as explicações são definidas sem ter relação com os lugares e os números em que serão colocados os três reis coincidentes. O mesmo vale para as outras cartas.

As Três Damas

1. Dama de Copas.
2. Dama de Denários.
3. Dama de Bastões.

O consulente ficará sempre feliz com as iniciativas tomadas por parentes próximos no que se refere aos assuntos domésticos.

1. Dama de Copas.
2. Dama de Denários.
3. Dama de Espadas.

O consulente será mal recompensado pelos parentes; por isso, convém não lhes pedir dinheiro.

1. Dama de Copas.
2. Dama de Bastões.
3. Dama de Denários.

O consulente receberá de parentes próximos toda a ajuda de que necessitar; será amado e querido.

    1. Dama de Copas.
    2. Dama de Bastões.
    3. Dama de Espadas.

O consulente será amado pelos parentes por afinidade, ou seja, cunhado, nora, sobrinhos e sobrinhas. No futuro, receberá toda sorte de bens.

    1. Dama de Copas.
    2. Dama de Espadas.
    3. Dama de Bastões.

Reunião de parentes ou amigos íntimos para concluir um negócio vantajoso para o consulente, que lhe garantirá condição próspera.

    1. Dama de Copas.
    2. Dama de Espadas.
    3. Dama de Denários.

Reunião de parentes ou amigos desleais para prejudicar o bem destinado ao consulente. Eles conspirarão para destruir um negócio que traria felicidade para a vida do consulente, que perceberá a intriga apenas seis meses depois.

    1. Dama de Bastões.
    2. Dama de Denários.
    3. Dama de Copas.

A atenção e a benevolência que o consulente terá por uma pessoa idosa e rica lhe serão muito bem recompensadas.

    1. Dama de Bastões.
    2. Dama de Denários.
    3. Dama de Espadas.

O consulente negligenciará um parente ou amigo de longa data por orgulho ou falta de benevolência, e isso lhe acarretará um mal considerável.

1. Dama de Bastões.
2. Dama de Espadas.
3. Dama de Copas.

Um amigo deixará, por testamento ou doação, todos os bens ao consulente.

1. Dama de Bastões
2. Dama de Espadas.
3. Dama de Denários.

Uma reunião de amigos traidores causará grande desastre à fortuna do consulente; no entanto, ao fim de dois anos, seu sofrimento começará a cessar, e sua condição melhorará cada vez mais.

1. Dama de Bastões.
2. Dama de Copas.
3. Dama de Denários.

Haverá uma reunião de parentes, amigos e superiores, os quais deliberarão em prol do consulente. Ele obterá honras e lucros.

1. Dama de Bastões.
2. Dama de Copas.
3. Dama de Espadas.

Em um grupo, o consulente estreitará amizade com outra pessoa e se tornará tão próximo dela que essa união sentimental o deixará feliz.

1. Dama de Denários.
2. Dama de Copas.
3. Dama de Bastões.

Por seu temperamento, o consulente conquistará a estima e a afeição de pessoas que o farão feliz.

    1. Dama de Denários.
    2. Dama de Copas.
    3. Dama de Espadas.

O consulente encontrará, escondida em um lugar secreto, uma quantia que o deixará rico.

    1. Dama de Denários.
    2. Dama de Bastões.
    3. Dama de Copas.

Aconselhado por um amigo e por gostar de ciências, o consulente sairá dos limites que estabelecera para si mesmo. Graças ao trabalho e à sua condição, obterá um prêmio por mérito que posteriormente lhe trará fortuna.

    1. Dama de Denários.
    2. Dama de Bastões.
    3. Dama de Espadas.

Por teimosia, o consulente perderá dois amigos que seriam um obstáculo à sua fortuna em um empreendimento no qual teriam êxito.

    1. Dama de Denários.
    2. Dama de Espadas.
    3. Dama de Copas.

Por excesso de fraqueza e de credulidade em um amigo desleal e por teimar em seguir as próprias ideias, o consulente será desprezado por homens de bem.

    1. Dama de Denários.
    2. Dama de Espadas.
    3. Dama de Bastões.

O consulente abandonará o caminho da justiça e causará infelicidade a algumas pessoas.

1. Dama de Espadas.
2. Dama de Copas.
3. Dama de Bastões.

Por pura amizade, amigos verdadeiros farão com que o consulente tenha êxito em todas as iniciativas razoáveis.

1. Dama de Espadas.
2. Dama de Copas.
3. Dama de Denários.

O consulente verá com indiferença os conselhos prudentes de outras pessoas; por isso, cometerá erros consideráveis, que lhe custarão muitas lágrimas.

1. Dama de Espadas.
2. Dama de Bastões.
3. Dama de Copas.

Por mérito próprio, o consulente conquistará a amizade dos virtuosos, os quais lhe proporcionarão estado de felicidade.

1. Dama de Espadas.
2. Dama de Bastões.
3. Dama de Denários.

Por negligência em assuntos pessoais, o consulente fará que desconfiem de sua probidade e virtude.

1. Dama de Espadas.
2. Dama de Denários.
3. Dama de Copas.

Entediado com sua situação de bem-estar e em razão de temperamento turbulento, o consulente sofrerá humilhações e acabará perdendo a estima pública por alguns anos. Contudo, mudará de conduta e se reconciliará com a opinião pública, o que lhe fará recuperar a fortuna perdida.

1. Dama de Espadas.
2. Dama de Denários.
3. Dama de Bastões.

Amar sem ser amado é o problema do consulente. Desse modo, apenas a força de seu temperamento poderá ajudá-lo.

Os Três Valetes

1. Valete de Copas.
2. Valete de Denários.
3. Valete de Bastões.

Apesar dos procedimentos infames de um inimigo, o consulente ganhará um processo do qual depende sua felicidade.

1. Valete de Copas.
2. Valete de Bastões.
3. Valete de Denários.

O consulente organizará negócios muito importantes, apesar da inveja de amigos e parentes. Depois de concluídos, esses negócios lhe proporcionarão uma vida tranquila e agradável.

1. Valete de Copas.
2. Valete de Bastões.
3. Valete de Denários.

O consulente terá sucesso em suas iniciativas, que terão final feliz e lhe trarão prosperidade.

1. Valete de Copas.
2. Valete de Espadas.
3. Valete de Bastões.

A causa justa do consulente e a proteção de pessoas poderosas farão que ele ganhe um grande processo.

1. Valete de Copas.
2. Valete de Espadas.
3. Valete de Denários.

Por meio de doações, os concorrentes e os inimigos do consulente farão que ele perca sua causa, o que afetará consideravelmente sua fortuna e sua tranquilidade.

1. Valete de Bastões.
2. Valete de Denários.
3. Valete de Copas.

O consulente receberá, por testamento, uma grande pensão, que lhe permitirá viver com comodidade pelo resto da vida.

1. Valete de Bastões.
2. Valete de Denários.
3. Valete de Espadas.

Pelas ações de amigos desleais, o consulente perderá uma doação considerável.

1. Valete de Bastões.
2. Valete de Espadas.
3. Valete de Copas.

O consulente conquistará, de maneira inesperada, o coração de uma rica herdeira, contra a vontade de seus pais, e alcançará a felicidade.

    1. Valete de Bastões.
    2. Valete de Espadas.
    3. Valete de Denários.

O consulente perderá no jogo uma quantia muito acima de suas condições e, por conseguinte, todo crédito perante o público.

    1. Valete de Bastões.
    2. Valete de Copas.
    3. Valete de Denários.

O consulente receberá, no país estrangeiro de um parente, uma herança que fará sua felicidade.

    1. Valete de Bastões.
    2. Valete de Copas.
    3. Valete de Espadas.

Por testamento, o consulente receberá todos os bens mobiliários de um parente ou amigo, que serão consideráveis.

    1. Valete de Denários.
    2. Valete de Copas.
    3. Valete de Bastões.

Por boa conduta, o consulente contrairá um matrimônio muito vantajoso; se for casado, será feliz em sua condição.

    1. Valete de Denários.
    2. Valete de Copas.
    3. Valete de Espadas.

O consulente seguirá o conselho de amigos desleais que o farão perder todo o fruto do trabalho de vários anos.

Em sentido mais genérico, trata-se de um aviso para que desconfie dos amigos.

1. Valete de Denários.
2. Valete de Bastões.
3. Valete de Copas.

O consulente será bem-sucedido no amor e nos projetos.

1. Valete de Denários.
2. Valete de Bastões.
3. Valete de Espadas.

A indiscrição do consulente e a inveja alheia farão com que suas iniciativas fracassem.

1. Valete de Denários.
2. Valete de Espadas.
3. Valete de Copas.

O consulente não será feliz em viagens por água.

1. Valete de Denários.
2. Valete de Espadas.
3. Valete de Bastões.

Procedendo com uma injustiça que lhe é peculiar, o consulente tentará obter, pela força, algo ilegítimo. Será frustrado nas expectativas e só conseguirá causar confusão.

1. Valete de Espadas.
2. Valete de Copas.
3. Valete de Bastões.

O consulente encontrará em um país estrangeiro um amigo desonesto que lhe restituirá, com prejuízo, o bem que dele tomara.

1. Valete de Espadas.
2. Valete de Copas.
3. Valete de Denários.

O consulente sofrerá duas falências.

1. Valete de Espadas.
2. Valete de Bastões
3. Valete de Copas.

O consulente receberá uma doação de valor em joias.

1. Valete de Espadas.
2. Valete de Bastões.
3. Valete de Denários.

Durante uma viagem, o consulente perderá uma joia de valor.

1. Valete de Espadas.
2. Valete de Denários.
3. Valete de Copas.

Por imprudência, o consulente perderá a bolsa com dinheiro, o que lhe causará muito aborrecimento.

1. Valete de Espadas.
2. Valete de Denários.
3. Valete de Bastões.

Por algum tempo, o consulente perderá a amizade de um benfeitor e será muito prejudicado.

Os Três Dez

    1. Dez de Copas.
    2. Dez de Denários.
    3. Dez de Bastões.

Com o auxílio de parentes e amigos, o consulente será bem-sucedido em um grande negócio.

    1. Dez de Copas.
    2. Dez de Denários.
    3. Dez de Espadas.

Os efeitos da inveja e da inimizade farão o consulente perder um negócio e ter um grande prejuízo em sua fortuna.

    1. Dez de Copas.
    2. Dez de Bastões.
    3. Dez de Denários.

Apesar da inveja, o consulente ganhará uma quantia considerável em um empreendimento.

    1. Dez de Copas.
    2. Dez de Bastões.
    3. Dez de Espadas.

O consulente ganhará muito dinheiro na loteria.

    1. Dez de Copas.
    2. Dez de Espadas.
    3. Dez de Bastões.

O consulente ganhará um processo ou um cargo por seus talentos, ou ainda uma quantia elevada no comércio, que fará sua fortuna. Sua condição determinará qual das três coisas lhe caberá.

1. Dez de Copas.
2. Dez de Espadas.
3. Dez de Denários.

A confiança que o consulente depositará nos amigos fará que seja despojado de parte de seus bens.

1. Dez de Bastões.
2. Dez de Denários.
3. Dez de Copas.

Apesar da inveja, o consulente retomará um bem ou cargo do qual terá sido privado.

1. Dez de Bastões.
2. Dez de Denários.
3. Dez de Espadas.

O consulente não terá êxito em suas ações nem em seus cargos, embora os tenha solicitado por muito tempo e com razão.

1. Dez de Bastões.
2. Dez de Espadas.
3. Dez de Copas.

O consulente contrairá um matrimônio muito vantajoso, com a ajuda de parentes ou de amigos fiéis.

1. Dez de Bastões.
2. Dez de Espadas.
3. Dez de Denários.

Os efeitos do ódio e da inveja farão que o consulente fracasse em um casamento próspero ou em um empreendimento sólido.

1. Dez de Bastões.
2. Dez de Copas.
3. Dez de Denários.

O consulente encontrará um objeto de valor.

1. Dez de Bastões.
2. Dez de Copas.
3. Dez de Espadas.

Pouco antes de morrer, um parente ou amigo desleal restituirá ao consulente um bem importante que dele tirara.

1. Dez de Denários.
2. Dez de Copas.
3. Dez de Bastões.

Dois anos e alguns meses após a morte de um amigo, o consulente receberá uma herança que o deixará feliz.

1. Dez de Denários.
2. Dez de Copas.
3. Dez de Espadas.

Por condenação ou conselho de um amigo, o consulente será encarregado de pagar uma dívida não contraída por ele.

1. Dez de Denários.
2. Dez de Bastões.
3. Dez de Copas.

Durante essa leitura da sorte, o consulente receberá notícias e a restituição de um bem não esperado, o que lhe causará grande alegria.

1. Dez de Denários.
   2. Dez de Bastões.
   3. Dez de Espadas.

Por vários anos, o consulente será atormentado por questões que surgirão da infidelidade de amigos ou parentes.

   1. Dez de Denários.
   2. Dez de Espadas.
   3. Dez de Copas.

Uma grande injustiça feita ao consulente o deixará muito debilitado.

   1. Dez de Denários.
   2. Dez de Espadas.
   3. Dez de Bastões.

O consulente terá um problema familiar que lhe causará muito sofrimento.

   1. Dez de Espadas.
   2. Dez de Copas.
   3. Dez de Bastões.

O consulente terá filhos que o deixarão feliz.

   1. Dez de Espadas.
   2. Dez de Copas.
   3. Dez de Denários.

Por falar com sinceridade e muita confiança antes do tempo, o consulente perderá um negócio que lhe traria felicidade.

   1. Dez de Espadas.
   2. Dez de Bastões.
   3. Dez de Copas.

O consulente será bem-sucedido com pouco dinheiro, mas apenas por seu trabalho, em um negócio que garantirá sua felicidade.

    1. Dez de Espadas.
    2. dez de Bastões.
    3. Dez de Denários.

O consulente fará uma viagem marítima que não sairá conforme suas expectativas, por causa de sua indiscrição sobre a condição de seus negócios.

    1. Dez de Espadas.
    2. Dez de Denários.
    3. Dez de Copas.

O pouco conhecimento do consulente acerca de um negócio que ele ousará iniciar o fará perder seus bens e sua reputação.

    1. Dez de Espadas.
    2. Dez de Denários.
    3. Dez de Bastões.

Em razão do ódio e da inveja, o consulente será inesperadamente privado de um grande bem que lhe fora confiado.

Os Três Noves

    1. Nove de Copas.
    2. Nove de Denários.
    3. Nove de Bastões.

Apesar dos invejosos, o consulente terá como viver, pelo resto de seus dias, de seu talento e de seu trabalho, em um país estrangeiro.

1. Nove de Copas.
2. Nove de Denários.
3. Nove de Espadas.

O consulente será enganado e terá grande parte dos bens roubada.

1. Nove de Copas.
2. Nove de Bastões.
3. Nove de Denários.

Notícias de bens que o consulente receberá de um país estrangeiro. Estes serão o caminho aberto para a felicidade.

1. Nove de Copas.
2. Nove de Bastões.
3. Nove de Espadas.

O consulente obterá bens e honras em um país estrangeiro.

1. Nove de Copas.
2. Nove de Espadas.
3. Nove de Bastões.

O consulente herdará um bem considerável, que lhe será deixado por um dos parentes em um país estrangeiro.

1. Nove de Copas.
2. Nove de Espadas.
3. Nove de Denários.

Em um país estrangeiro, o consulente será alçado aos mais elevados cargos e dignidades. Terá muitas preocupações, mas as ações da justiça o farão perseverar até o fim da vida.

1. Nove de Bastões.
2. Nove de Denários.
3. Nove de Copas.

Em um país estrangeiro, o consulente conhecerá uma pessoa muito rica, mas também muito triste. Contudo, conseguirá restituir-lhe a felicidade perdida.

1. Nove de Bastões.
2. Nove de Denários.
3. Nove de Espadas.

O consulente será enganado por dois estrangeiros.

1. Nove de Bastões.
2. Nove de Espadas.
3. Nove de Copas.

Em um país estrangeiro, o consulente ganhará um prêmio considerável na loteria.

1. Nove de Bastões.
2. Nove de Espadas.
3. Nove de Denários.

Empregados domésticos estrangeiros roubarão bens e dinheiro do consulente.

1. Nove de Bastões.
2. Nove de Copas.
3. Nove de Denários.

Quando menos esperar, o consulente descobrirá um segredo valioso e útil.

1. Nove de Bastões.
2. Nove de Copas.
3. Nove de Espadas.

O excesso de vivacidade fará o consulente perder algo de valor, que será objeto de arrependimento.

    1. Nove de Denários.
    2. Nove de Copas.
    3. Nove de Bastões.

O consulente fará fortuna em um país estrangeiro e será feliz pelo resto da vida.

    1. Nove de Denários.
    2. Nove de Copas.
    3. Nove de Espadas.

Em um país estrangeiro, o consulente conquistará a admiração de uma pessoa importante, que o deixará muito feliz.

    1. Nove de Denários.
    2. Nove de Bastões.
    3. Nove de Copas.

O consulente terá bens e heranças em um país estrangeiro.

    1. Nove de Denários.
    2. Nove de Bastões.
    3. Nove de Espadas.

O consulente perderá heranças ou pensões em um país estrangeiro devido à infidelidade de uma pessoa de confiança.

    1. Nove de Denários.
    2. Nove de Espadas.
    3. Nove de Copas.

O consulente sofrerá perda por incêndio.

1. Nove de Denários.
2. Nove de Espadas.
3. Nove de Bastões.

O consulente perderá muitos bens pela água, mas sua fortuna será restabelecida em quatro anos.

1. Nove de Espadas.
2. Nove de Copas.
3. Nove de Bastões.

A morte de vários parentes mudará repentinamente, para melhor, a sorte do consulente.

1. Nove de Espadas.
2. Nove de Copas.
3. Nove de Denários.

A morte e as doenças causarão muitas mudanças na condição e na fortuna do consulente, que, para reparar as perdas, seguirá para um país estrangeiro.

1. Nove de Espadas.
2. Nove de Bastões.
3. Nove de Copas.

Duas pessoas ricas e com boa reputação farão a fortuna do consulente.

1. Nove de Espadas.
2. Nove de Bastões.
3. Nove de Denários.

A inconstância do consulente no amor e a confiança mal depositada o farão perder um estabelecimento considerável.

1. Nove de Espadas.
2. Nove de Denários.
3. Nove de Copas.

O consulente responderá por dois amigos e, em seguida, será obrigado a pagar por eles.

1. Nove de Espadas.
2. Nove de Denários.
3. Nove de Bastões.

O consulente perderá processos em um país estrangeiro em consequência da imprudência e da inexperiência nos negócios.

Os Três Oitos

1. Oito de Copas.
2. Oito de Denários.
3. Oito de Bastões.

Vida longa e prosperidade inesperada.

1. Oito de Copas.
2. Oito de Denários.
3. Oito de Espadas.

Vida longa, prosperidade e sucesso.

1. Oito de Copas.
2. Oito de Bastões.
3. Oito de Denários.

Vida longa para o consulente. Grande consideração e distinção.

1. Oito de Copas.
2. Oito de Bastões.
3. Oito de Espadas.

O consulente trinfará sobre os inimigos e viverá feliz e contente até a morte.

1. Oito de Copas.
2. Oito de Espadas.
3. Oito de Bastões.

O consulente será socorrido por parentes ou amigos.

1. Oito de Copas.
2. Oito de Espadas.
3. Oito de Denários.

Seus talentos atrairão invejosos.

1. Oito de Bastões.
2. Oito de Denários.
3. Oito de Copas.

O consulente não dará nenhuma importância à inveja e ao ódio de quem quer humilhá-lo em sua condição honrada e lucrativa.

1. Oito de Bastões.
2. Oito de Denários.
3. Oito de Espadas.

Algumas vezes, a vida do consulente será perturbada por parentes ou amigos desleais.

1. Oito de Bastões.
2. Oito de Espadas.
3. Oito de Copas.

O consulente viverá por muito tempo e receberá heranças.

    1. Oito de Bastões.
    2. Oito de Espadas.
    3. Oito de Denários.

Os negócios do consulente demorarão para se concretizar em razão da ambição.

    1. Oito de Bastões.
    2. Oito de Copas.
    3. Oito de Denários.

O consulente viverá acontecimentos felizes tanto na guerra quanto no amor ou em iniciativas arriscadas.

    1. Oito de Bastões.
    2. Oito de Copas.
    3. Oito de Espadas.

O consulente terá êxito nos negócios ou nas iniciativas.

    1. Oito de Denários.
    2. Oito de Copas.
    3. Oito de Bastões.

O consulente se casará com uma moça de família importante.

    1. Oito de Denários.
    2. Oito de Copas.
    3. Oito de Espadas.

Seus talentos atrairão invejosos.

1. Oito de Denários.
2. Oito de Bastões.
3. Oito de Copas.

O consulente terá muito sucesso em empresas e acordos comerciais, tanto marítimos quanto terrestres.

1. Oito de Denários.
2. Oito de Bastões.
3. Oito de Espadas.

O consulente levará uma vida tranquila e pacífica durante algum tempo, mas logo seus negócios serão desarranjados por uma conduta inadequada.

1. Oito de Denários.
2. Oito de Espadas.
3. Oito de Copas.

O consulente terá presença de espírito e coragem para evitar as armadilhas que lhe serão preparadas por traidores.

1. Oito de Denários.
2. Oito de Espadas.
3. Oito de Bastões.

O consulente gozará de boa saúde e terá muitos prazeres na terra. Todas as suas iniciativas serão bem-sucedidas, e ele verá sua fortuna aumentar.

1. Oito de Espadas.
2. Oito de Copas.
3. Oito de Bastões.

Graças ao senso de justiça e aos talentos, o consulente será amado por quem tratar com ele.

1. Oito de Espadas.
2. Oito de Copas.
3. Oito de Denários.

O consulente conquistará as pessoas pela generosidade e inteligência.

1. Oito de Espadas.
2. Oito de Bastões.
3. Oito de Copas.

Longa espera e longa vida de esperança, cujo fim será coroado de felicidade.

1. Oito de Espadas.
2. Oito de Bastões.
3. Oito de Denários.

Vida longa, mas pouco desejada, em razão de doenças que perturbarão o consulente na velhice.

1. Oito de Espadas.
2. Oito de Denários.
3. Oito de Copas.

Por muito tempo, o consulente desfrutará dos prazeres e das satisfações dos sentidos, cujas consequências serão perigosas.

1. Oito de Espadas.
2. Oito de Denários.
3. Oito de Bastões.

A traição não prejudicará o consulente, e a morte de um parente o deixará feliz.

Os Três Setes

1. Sete de Copas.
2. Sete de Denários.
3. Sete de Bastões.

O consulente sofrerá por amor, mas terá final feliz.

1. Sete de Copas.
2. Sete de Denários.
3. Sete de Espadas.

O consulente se apaixonará e sentirá ciúme. Esse mal passará com cuidados e amizade.

1. Sete de Copas.
2. Sete de Bastões.
3. Sete de Denários.

A inveja e o ódio farão o consulente adoecer, mas essa enfermidade será de curta duração.

1. Sete de Copas.
2. Sete de Bastões.
3. Sete de Espadas.

Por muito tempo, o consulente usufruirá do resultado de seu trabalho. Uma breve doença abreviará seus dias.

1. Sete de Copas.
2. Sete de Espadas.
3. Sete de Bastões.

O consulente conquistará a estima, o apreço e o coração de um benfeitor, que lhe proporcionará vida agradável.

A proteção de uma pessoa importante o favorecerá em todas as suas ações.

   1. Sete de Copas.
   2. Sete de Espadas.
   3. Sete de Denários.

A ambição de possuir muitos bens levará o consulente a se arrepender.

   1. Sete de Bastões.
   2. Sete de Denários.
   3. Sete de Espadas.

O consulente será ferido ao servir o patrão, que lhe dará uma pensão para indenizá-lo pela enfermidade.

   1. Sete de Bastões.
   2. Sete de Denários.
   3. Sete de Copas.

Para fazer favores a amigos que lhe retribuirão com a máxima ingratidão, o consulente negligenciará os próprios negócios.

   1. Sete de Bastões.
   2. Sete de Espadas.
   3. Sete de Copas.

O consulente será salvo de um naufrágio com todos os seus bens por dois parentes ou amigos fiéis.

   1. Sete de Bastões.
   2. Sete de Espadas.
   3. Sete de Denários.

O consulente ganhará pelo fogo. Esse ganho será explicado em relação à sua condição.

1. Sete de Bastões.
2. Sete de Copas.
3. Sete de Denários.

Um cão salvará a vida do consulente ao retirá-lo das mãos de dois assassinos.

1. Sete de Bastões.
2. Sete de Copas.
3. Sete de Espadas.

Um amigo do consulente lhe emprestará dinheiro para ajudá-lo em um revés da fortuna.

1. Sete de Denários.
2. Sete de Copas.
3. Sete de Bastões.

Depois de ter lutado por muito tempo contra a miséria causada pela inveja, o consulente terá um estabelecimento bem-sucedido, que o fará muito feliz.

1. Sete de Denários.
2. Sete de Copas.
3. Sete de Espadas.

Antes de se casar, o consulente passará por um grande sofrimento.

1. Sete de Denários.
2. Sete de Bastões.
3. Sete de Copas.

Uma gravidez causará preocupação ao consulente.

1. Sete de Denários.
2. Sete de Espadas.
3. Sete de Copas.

Por fraqueza, o consulente ficará extremamente triste em razão de uma doença causada por amor.

    1. Sete de Denários.
    2. Sete de Espadas.
    3. Sete de Bastões.

A falência fará o consulente adoecer.

    1. Sete de Espadas.
    2. Sete de Copas.
    3. Sete de Bastões.

Após longo tormento, o consulente terá o objeto desejado.

    1. Sete de Espadas.
    2. Sete de Copas.
    3. Sete de Denários.

O consulente finalmente obterá os favores desejados por tanto tempo.

    1. Sete de Espadas.
    2. Sete de Bastões.
    3. Sete de Copas.

Com dinheiro e o auxílio de amigos, o consulente será recompensado com satisfação e prosperidade em seus esforços.

    1. Sete de Espadas.
    2. Sete de Bastões.
    3. Sete de Denários.

O consulente permanecerá por algum tempo sem trabalhar devido à infidelidade de dois supostos amigos.

1. Sete de Espadas.
2. Sete de Denários.
3. Sete de Copas.

O consulente perderá dinheiro no jogo de azar em razão da infidelidade de vários amigos.

1. Sete de Espadas.
2. Sete de Denários.
3. Sete de Bastões.

O consulente ganhará apenas uma vez na loteria e receberá uma boa quantia.

Os Três Dois

1. Dois de Copas.
2. Dois de Denários.
3. Dois de Bastões.

Parentes ou amigos generosos se reunirão para ajudar o consulente em um empreendimento que será bem-sucedido.

1. Dois de Copas.
2. Dois de Denários.
3. Dois de Espadas.

Parentes ou amigos desleais se reunirão para trair o consulente, mas ele obterá reparação.

1. Dois de Copas.
2. Dois de Bastões.
3. Dois de Denários.

O consulente será traído por um amigo que ele acreditava ser fiel. O tempo e a paciência o vingarão.

1. Dois de Copas.
2. Dois de Bastões.
3. Dois de Espadas.

Graças ao auxílio de uma pessoa influente e de um amigo, o consulente se vingará plenamente de seu inimigo.

1. Dois de Copas.
2. Dois de Espadas.
3. Dois de Bastões.

Graças à ajuda de um amigo fiel, o consulente encontrará um caminho aberto para suas atividades e poderá satisfazer à sua ambição.

1. Dois de Copas.
2. Dois de Espadas.
3. Dois de Denários.

Graças aos cuidados de um amigo, o consulente descobrirá a inveja de um parente desleal e o expulsará de seu meio, causando confusão.

1. Dois de Bastões.
2. Dois de Denários.
3. Dois de Copas.

Apoiado por um amigo, o consulente recuperará a afeição e a proteção de uma pessoa influente, que ele perdera por causa das falsas acusações de quem invejava sua felicidade.

1. Dois de Bastões.
2. Dois de Denários.
3. Dois de Espadas.

O consulente se deixará seduzir por aduladores a ponto de ser injusto com dois parentes ou amigos verdadeiros.

1. Dois de Bastões.
2. Dois de Espadas.
3. Dois de Copas.

Por generosidade, um amigo muito ligado ao consulente descobrirá um crime arquitetado contra ele por dois amigos desleais e ambiciosos que querem despojá-lo de seus bens. Eles não terão sucesso, pois o consulente será advertido a tempo.

1. Dois de Bastões.
2. Dois de Espadas.
3. Dois de Denários.

Um amigo tomará partido do consulente em uma reunião e o fará triunfar sobre a má conduta de parentes, amigos, inimigos e invejosos.

1. Dois de Bastões.
2. Dois de Copas.
3. Dois de Denários.

Graças à sinceridade de um amigo, o consulente descobrirá a inveja de outro, que até então ele considerava uma pessoa íntima, e conseguirá se livrar dele pelo resto da vida.

1. Dois de Bastões.
2. Dois de Copas.
3. Dois de Espadas.

O consulente surpreenderá a má conduta de um amigo no qual confiava totalmente.

1. Dois de Denários.
2. Dois de Copas.
3. Dois de Bastões.

O consulente triunfará sobre a inveja e suas consequências na condição em que se encontrar.

1. Dois de Denários.
2. Dois de Copas.
3. Dois de Espadas.

O consulente perderá parte das ocupações, do comércio ou dos bens devido à inveja e ao ódio.

1. Dois de Denários.
2. Dois de Bastões.
3. Dois de Copas.

O consulente fará as pazes com parentes ou amigos, e essa reconciliação lhe renderá muitos benefícios por parte dessas pessoas.

1. Dois de Denários.
2. Dois de Bastões.
3. Dois de Espadas.

O consulente perderá um amigo fiel e generoso devido à traição de pessoas que ele terá favorecido.

1. Dois de Denários.
2. Dois de Espadas.
3. Dois de Copas.

O consulente será prejudicado em parte de seus bens e ficará triste; porém, terá os bens restituídos e obterá reparação dos danos graças à proteção que receberá.

1. Dois de Denários.
2. Dois de Espadas.
3. Dois de Bastões.

Por inveja, o consulente se tornará inimigo de seu melhor amigo e terá a oportunidade de se arrepender.

1. Dois de Espadas.
2. Dois de Copas.
3. Dois de Bastões.

O consulente perderá bens que entregou a uma pessoa de confiança e terá muito prejuízo.

1. Dois de Espadas.
2. Dois de Bastões.
3. Dois de Copas.

O consulente receberá de parentes avarentos uma herança em dinheiro e imóveis.

1. Dois de Espadas.
2. Dois de Bastões.
3. Dois de Denários.

O consulente, cuja reputação será atacada perante um amigo que o defende, será punido por sua insolência.

1. Dois de Espadas.
2. Dois de Denários.
3. Dois de Copas.

O consulente será humilhado por pessoas invejosas em uma reunião.

1. Dois de Espadas.
2. Dois de Denários.
3. Dois de Bastões.

Empregados domésticos de confiança roubarão bens de valor do consulente.

Os Três Ases

1. Ás de Copas.
2. Ás de Denários.
3. Ás de Bastões.

O consulente conquistará a estima e a confiança de uma pessoa influente, que aumentará sua fortuna.

1. Ás de Copas.
2. Ás de Denários.
3. Ás de Espadas.

O consulente será enganado por um amigo de confiança, que se enriquecerá à sua custa.

1. Ás de Copas.
2. Ás de Bastões.
3. Ás de Denários.

O consulente descobrirá uma traição premeditada por amigos desleais e a comunicará aos superiores, que desprezarão os traidores e honrarão o consulente como pessoa de confiança.

1. Ás de Copas.
2. Ás de Bastões.
3. Ás de Espadas.

Um nascimento causará alegria e prosperidade ao consulente.

1. Ás de Copas.
2. Ás de Espadas.
3. Ás de Bastões.

Por obra do acaso, o consulente obterá a estima de um soberano, que o tornará rico e respeitável.

1. Ás de Copas.
2. Ás de Espadas.
3. Ás de Denários.

Em um jardim ou bosque, o consulente terá um golpe de sorte que o fará passar dias agradáveis ao longo da vida.

1. Ás de Bastões.
2. Ás de Denários.
3. Ás de Copas.

Auxiliado por amigos verdadeiros, o consulente será favorecido por muitas coisas.

1. Ás de Bastões.
2. Ás de Denários.
3. Ás de Espadas.

O consulente não será feliz no amor nem na amizade.

1. Ás de Bastões.
2. Ás de Espadas.
3. Ás de Copas.

O consulente será amado por todas as pessoas de sua convivência e delas receberá benefícios.

1. Ás de Bastões.
2. Ás de Espadas.
2. Ás de Denários.

O consulente será pago com ingratidão por uma quantia emprestada sem juros.

1. Ás de Bastões.
2. Ás de Copas.
3. Ás de Denários.

O consulente ganhará enorme quantia na loteria.

    1. Ás de Bastões.
    2. Ás de Copas.
    3. Ás de Espadas.

Por meio de presentes, o consulente conquistará o coração de uma pessoa jovem. Será recompensado com alegria e com um favor essencial em um caso de necessidade urgente.

    1. Ás de Denários.
    2. Ás de Copas.
    3. Ás de Bastões.

O consulente receberá de herança uma quantia e muitos bens, que tornarão seu empreendimento rentável.

    1. Ás de Denários.
    2. Ás de Copas.
    3. Ás de Espadas.

O consulente será cruelmente maltratado devido à inveja e ao interesse de parentes ou sócios.

    1. Ás de Denários.
    2. Ás de Bastões.
    3. Ás de Copas.

O consulente receberá honra e justiça por seus méritos. Em seguida, será beneficiado com promoção, fortuna e honras de todos os tipos.

    1. Ás de Denários.
    2. Ás de Bastões.
    3. Ás de Espadas.

A amizade sincera de uma mulher provocará inveja e trará o fogo para a casa do consulente. Um amigo fiel o preservará desse acidente.

    1. Ás de Denários.
    2. Ás de Espadas.
    3. Ás de Copas.

Por algum tempo, a ingratidão e os interesses de supostos amigos tornarão infrutíferos os esforços do consulente. Muitas vezes, mesmo com dificuldades nos negócios, a paciência e a coragem o farão triunfar.

    1. Ás de Denários.
    2. Ás de Espadas.
    3. Ás de Bastões.

Notícias agradáveis de uma herança de que o consulente fora privado por algum tempo.

    1. Ás de Espadas.
    2. Ás de Copas.
    3. Ás de Bastões.

O consulente solicitará, com veemência, uma condição melhor que a sua. Suas solicitações terão resultado a contento.

    1. Ás de Espadas.
    2. Ás de Copas.
    3. Ás de Denários.

O consulente confiará em duas pessoas que o enganarão roubando parte do capital do bem que lhes foi confiado.

    1. Ás de Espadas.
    2. Ás de Bastões.
    3. Ás de Copas.

O consulente terá reparação de uma injustiça que lhe causou muito sofrimento. Com ganho considerável, essa reparação o restabelecerá de maneira honrada.

   1. Ás de Espadas.
   2. Ás de Bastões.
   3. Ás de Denários.

Os efeitos de relacionamentos falsos causarão grande sofrimento ao consulente.

   1. Ás de Espadas.
   2. Ás de Denários.
   3. Ás de Copas.

Por ter caráter naturalmente bom e benevolente, o consulente ajudará outras pessoas a conquistar uma condição bem-sucedida, até acima de suas expectativas, mas a maioria lhe pagará com ingratidão.

   1. Ás de Espadas.
   2. Ás de Denários.
   3. Ás de Bastões.

O consulente causará inveja pelos talentos, bem como pelos méritos e serviços prestados. Sofrerá algumas humilhações, que serão apagadas pela justiça e pela razão.

Combinações de Lâminas Diversas[20]

Combinações Duas a Duas

1. Arcano XVIII – A LUA: *feitiços*.
2. Arcano XV – O DIABO: *o espírito do mal*.
Juntas, essas lâminas indicam *malefício*.

1. Arcano XIX – O SOL: *luz*.
2. Arcano VII – O CARRO: *o espírito do bem*.
Essas lâminas denotam *felicidade perfeita*.

1. Quatro de Bastões: *inação*.
2. Escravo de Denários: *moço*.
Essas lâminas significam *moço inativo*.

1. Sete de Espadas: *tormentos*.
2. Sete de Copas: *benefícios*.
Juntas, essas lâminas denotam *fim de sofrimento*.

1. Arcano VII – O CARRO: *providência*.
2. Dois de Bastões: *doença*.
Essas lâminas indicam *cura de doença*.

1. Arcano XIII – A MORTE: *morte*.
2. Dois de Bastões: *sofrimento*.
Essas lâminas denotam *doença grave ou mortal*.

---

20. A partir deste ponto, o leitor terá contato com acréscimos da autoria de AOR. São combinações de cartas aplicadas com o tarô, em específico. (N. do RT.)

1. Oito de Bastões: *caminho*.
2. Soldado de Bastões: *partida*.
Essas lâminas anunciam *pequena viagem*.

1. Dez de Bastões: *cidade estrangeira*.
2. Soldado de Bastões: *partida*.
Essas lâminas indicam *viagem longa*.

1. Ás de Denários: *ouro*.
2. Quatro de Denários: *presente*.
Essas lâminas denotam *presente de ouro*.

1. Ás de Denários: *ouro*.
2. Três de Bastões: *descoberta*.
Essas lâminas significam *descoberta de um tesouro*.

1. Sete de Bastões: *caminho*.
2. Ás de Copas: *casa*.
Essas lâminas denotam *estação*.

1. Dois de Denários: *cartas*.
2. Ás de Copas: *casa*.
Essas lâminas indicam *correio*.

1. Arcano X – A RODA DA FORTUNA: *fortuna*.
2. Ás de Copas: *casa*.
Juntas, essas lâminas significam *casa de jogo*.

1. Dois de Bastões: *doença*.
2. Ás de Copas: *casa*.
Essas lâminas assim dispostas denotam *hospital, hospício*.

1. Ás de Copas: *casa*.
2. Arcano X – A RODA DA FORTUNA: *sorte*.
Essas lâminas denotam *sorte em casa*.

1. Ás de Copas: *casa*.
2. Dois de Bastões: *doença*.
Essas lâminas significam *doença em casa*.

1. Dez de Denários: *dinheiro*.
2. Ás de Copas: *casa*.
Essas lâminas significam *banco*.

1. Arcano II – A PAPISA: *ciência*.
2. Ás de Copas: *casa*.
Essas lâminas indicam *escola, faculdade*.

1. Ás de Copas: *casa*.
2. Dez de Denários: *dinheiro*.
Essas lâminas indicam *dinheiro em casa*.

1. Ás de Copas: *casa*.
2. Ás de Denários: *ouro*.
Essas lâminas significam *ouro em casa*.

1. Arcano VI – O ENAMORADO: *beleza, idealismo*.
2. Ás de Copas: *casa*.
Essas lâminas denotam *teatro, museu, salão artístico*.

1. Arcano V – O PAPA: *padre*.
2. Ás de Copas: *casa*.
Essas lâminas indicam *igreja, templo, sinagoga*.

1. Arcano VIII – A JUSTIÇA: *justiça*.
2. Ás de Copas: *casa*.
Essas lâminas significam *palácio da justiça*.

1. Arcano XV – O DIABO: *atração sexual*.
2. Ás de Copas: *casa*.
Essa combinação denota *casa de prazer, casa de tolerância*.

1. Arcano XIII – A MORTE: *morte*.
2. Ás de Copas: *casa*.
Essas lâminas significam *necrópole, cemitério*.

1. Arcano XXI – O LOUCO: *louco*.
2. Ás de Copas: *casa*.
Essa combinação denota *casa de loucos, hospício*.

Combinações Três a Três

1. Arcano VI – O ENAMORADO: *amor*.
2. Arcano XIV – A TEMPERANÇA: *transformação*.
3. Dois de Copas: *amizade*.
Essa combinação significa que uma *amizade se transformará em amor*.

1. Dez de Denários: *prata*.
2. Ás de Denários: *ouro*.
3. Cinco de Espadas: *perda*.
Essa combinação significa *perda importante*.

1. Arcano XXII – O MUNDO: *consulente*.
2. Ás de Espadas: *associação*.
3. Rei de Denários: *homem*.
Essa combinação anuncia *associação com um homem*.

1. Ás de Espadas: *relações*.
2. Arcano XVIII – A LUA: *noite*.
3. Arcano VI – O ENAMORADO: *amor*.
Essa combinação significa *relações noturnas de amor*.

Combinações Quatro a Quatro

1. Dez de Denários: *dinheiro*.
2. Sete de Denários: *negócio*.
3. Arcano IX – O EREMITA: *prudência*.
4. Arcano I – O MAGO: *habilidade*.

Essas lâminas significam *negócio de interesse que necessita de tato e prudência*.

Combinações Cinco a Cinco

1. Arcano V – O PAPA: *padre*.
2. Ás de Espadas: *encadeamento*.
3. Soldado de Copas: *proposta*.
4. Arcano II – A PAPISA: *segredo*.
5. Arcano VI – O ENAMORADO: *amor*.

Essa combinação significa *amor secreto, seguido de pedido de casamento*.

1. Arcano XVI – A CASA DE DEUS: *catástrofe*.
2. Arcano XV – O DIABO: *fatalidade*.
3. Ás de Espadas: *relações*.
4. Arcano XVIII – A LUA: *noite*.
5. Arcano VI – O ENAMORADO: *amor*.

Essa combinação indica *relações noturnas de amor, seguidas de catástrofe inevitável*.

1. Arcano XVI – A CASA DE DEUS: *catástrofe*.
2. Arcano XX – O JULGAMENTO: *brilho, surpresa*.
3. Ás de Espadas: *relações*.
4. Arcano XVIII – A LUA: *noite*.
5. Arcano VI – O ENAMORADO: *amor*.

Essa combinação denota *surpresa em relações de amor, resultando em catástrofe*.

1. Arcano VII – O CARRO: *providência*.
2. Arcano XX – O JULGAMENTO: *brilho, surpresa*.
3. Ás de Espadas: *relações*.
4. Arcano XVIII – A LUA: *noite*.
5. Arcano VI – O ENAMORADO: *amor*.

Essas lâminas indicam *relações secretas de amor surpreendidas, mas com bons resultados*.

1. Arcano XXII – O MUNDO: *consulente*.
2. Arcano VII – O CARRO: *providência*.
3. Arcano X – A RODA DA FORTUNA: *ascensão*.
4. Arcano XIX – O SOL: *descoberta*.
5. Arcano VI – O ENAMORADO: *amor*.

Essas lâminas denotam *casamento próximo e feliz para o consulente*.

1. Arcano XXII – O MUNDO: *consulente*.
2. Arcano VII – O CARRO: *providência*.
3. Arcano X – A RODA DA FORTUNA: *ascensão*.
4. Arcano XIX – O SOL: *descoberta*.
5. Arcano VI – O ENAMORADO: *amor*.

Essas lâminas anunciam *casamento próximo e feliz para o consulente*.

1. Arcano XXII – O MUNDO: *consulente*.
2. Arcano XII – O PENDURADO: *expiação*.
3. Arcano XXI – O LOUCO: *inconsciência*.
4. Arcano XIX – O SOL: *descoberta*.
5. Arcano VI – O ENAMORADO: *amor*.

Essa combinação significa *casamento próximo, mas irrefletido e infeliz*.

1. Arcano XXII – O MUNDO: *consulente*.
2. Dez de Espadas: *lágrimas*.
3. Arcano XIX – O SOL: *descoberta*.
4. Arcano VI – O ENAMORADO: *amor*.
5. Nove de Espadas: *falta*.

Essa combinação denota *aflição por motivo de um casamento desfeito na última hora*.

1. Arcano X – A RODA DA FORTUNA: *destino*.
2. Arcano VII – O CARRO: *providência*.
3. Arcano XIX – O SOL: *descoberta*.
4. Arcano VI – O ENAMORADO: *amor*.
5. Nove de Espadas: *falta*.

Essa combinação denota que *um casamento, cuja realização parece muito comprometida, se realizará, apesar dos obstáculos*.

1. Arcano XXII – O MUNDO: *consulente*.
2. Soldado de Copas: *convite*.
3. Oito de Copas: *alegria*.
4. Arcano XIX – O SOL: *desvendamento*.
5. Arcano VI – O ENAMORADO: *amor*.

Essas lâminas denotam que o *consulente receberá um convite para assistir a um casamento*.

1. Rei de Denários: *marido*.
2. Sete de Espadas: *tormentos*.
3. Sete de Bastões: *palavras*.
4. Cinco de Copas: *ciúme*.
5. Dama de Denários: *mulher*.

Essa combinação denota *ciúme e questões domésticas*.

1. Arcano XXII – O MUNDO: *consulente*.
2. Arcano XVIII – A LUA: *oculto*.
3. Ás de Espadas: *relações*.
4. Dama de Espadas: *abandono*.
5. Dama de Denários: *esposa*.

Essa combinação denota que o *consulente é vítima de infidelidade*.

1. Rei de Denários: *esposo*.
2. Ás de Espadas: *relações*.
3. Arcano VI – O ENAMORADO: *amor*.
4. Arcano XIII – A MORTE: *destruição*.
5. Dama de Denários: *esposa*.

Essas lâminas denotam *separação ou divórcio*.

1. Rei de Denários: *esposo*.
2. Arcano XII – O PENDURADO: *expiação*.
3. Sete de Bastões: *palavras*.
4. Sete de Espadas: *tormentos*.
5. Dama de Denários: *esposa*.

Essa combinação denota *desarmonia doméstica*.

1. Rei de Denários: *esposo*.
2. Arcano VII – O CARRO: *providência*.
3. Arcano XX – O JULGAMENTO: *julgamento*.
4. Arcano VIII – A JUSTIÇA: *justiça*.
5. Dama de Denários: *esposa*.

Essa combinação denota *abandono de um divórcio em julgamento*.
(Observar o papel importante do Arcano VIII.)

1. Soldado de Bastões: *partida*.
2. Dama de Denários: *esposa*.
3. Ás de Copas: *casa*.
4. Rei de Denários: *esposo*.
5. Arcano XVI – A CASA DE DEUS: *catástrofe*.

Essas lâminas indicam que o *abandono do lar por uma senhora deixará o marido desesperado*.

1. Arcano IV – O IMPERADOR: *poder*.
2. Arcano XIX – O SOL: *luz, gênio*.
3. Arcano XXII – O MUNDO: *consulente*.
4. Arcano VII – O CARRO: *providência*.
5. Arcano X – A RODA DA FORTUNA: *ascensão*.

Essa combinação denota *grande elevação para o consulente*.

1. Dez de Denários: *dinheiro*.
2. Ás de Denários: *ouro*.
3. Ás de Bastões: *empreendimento*.
4. Arcano III – A IMPERATRIZ: *fecundação*.
5. Cinco de Denários: *pensamento*.

Essas lâminas indicam *ideia fecunda de um empreendimento feliz*.

1. Arcano XXII – O MUNDO: *consulente*.
2. Soldado de Copas: *convite*.
3. Dois de Denários: *carta*.
4. Ás de Copas: *casa*.
5. Oito de Copas: *regozijo*.

Essa combinação indica que o *consulente receberá um convite escrito para tomar parte em um jantar*.

1. Ás de Copas: *casa*.
2. Quatro de Espadas: *segurança*.
3. Cinco de Denários: *pensamento*.
4. Escravo de Espadas: *espião*.
5. Cinco de Espadas: *roubo*.

Essa combinação denota *que um ladrão tem a intenção de entrar em uma casa, mas sua tentativa fracassará*.

1. Arcano XII – O PENDURADO: *sacrifício*.
2. Dama de Denários: *moça*.
3. Ás de Copas: *casa*.
4. Arcano VI – O ENAMORADO: *amor*.
5. Dez de Espadas: *desgosto*.

Essas lâminas anunciam que um *desgosto amoroso levará uma jovem a fechar-se em um claustro*.

1. Arcano XVIII – A LUA: *noite*.
2. Escravo de Copas: *moço*.
3. Ás de Espadas: *relações*.
4. Dama de Copas: *moça*.
5. Arcano XV – O DIABO: *luxúria*.

Essa combinação indica que uma moça apaixonada *faltará a uma entrevista noturna*.

1. Arcano XII – O PENDURADO: *expiação*.
2. Dez de Espadas: *lágrimas*.
3. Arcano XXII – O MUNDO: *consulente*.
4. Arcano III – A IMPERATRIZ: *fecundidade*.
5. Arcano XVIII – A LUA: *força involutiva*.

Essa combinação significa que *uma gravidez desespera a consulente*.

1. Arcano VII – O CARRO: *providência*.
2. Dez de Espadas: *lágrimas*.
3. Arcano XXII – O MUNDO: *consulente*.
4. Arcano III – A IMPERATRIZ: *fecundidade*.
5. Arcano XVII – A ESTRELA: *influxo astral*.

Essas lâminas indicam *falta reparada por uma intervenção providencial*.

1. Três de Denários: *nascimento*.
2. Arcano XIX – O SOL: *dia*.
3. Dama de Denários: *mulher*.
4. Arcano III – A IMPERATRIZ: *fecundidade*.
5. Arcano XVIII – A LUA: *força involutiva*.

Essas lâminas significam *nascimento de um filho*.

1. Arcano XXII – O MUNDO: *consulente*.
2. Arcano VI – O ENAMORADO: *amor*.
3. Dois de Denários: *carta*.
4. Escravo de Bastões: *mensageiro*.
5. Dama de Denários: *mulheres*.

Essa combinação indica que *uma mulher envia ao consulente uma carta de amor*.

1. Arcano IV – O IMPERADOR: *estabilidade*.
2. Arcano XXII – O MUNDO: *consulente*.
3. Arcano X – A RODA DA FORTUNA: *jogo, fortuna*.
4. Ás de Denários: *ouro*.
5. Dez de Denários: *dinheiro*.

Essas lâminas significam *grande ganho no jogo, que dará ao consulente posição estável e segura*.

1. Arcano XXII – O MUNDO: *consulente*.
2. Dez de Denários: *dinheiro*.
3. Ás de Denários: *ouro*.
4. Rei de Denários: *homem*.
5. Arcano XIII – A MORTE: *morte*.

Essa combinação denota que o *consulente receberá uma importante herança*.

1. Arcano XXII – O MUNDO: *consulente*.
2. Dez de Denários: *dinheiro*.
3. Sete de Denários: *negócios*.
4. Cinco de Denários: *roubo*.
5. Nove de Espadas: *decepção*.

Essas lâminas indicam que o *consulente será vítima de roubo*.

1. Dez de Denários: *dinheiro*.
2. Nove de Espadas: *falta*.
3. Arcano XXII – O MUNDO: *consulente*.
4. Oito de Denários: *emprego*.
5. Cinco de Espadas: *perda*.

Essas lâminas significam que o *consulente ficará em dificuldade ao perder o emprego*.

1. Dez de Denários: *dinheiro*.
2. Ás de Denários: *ouro*.
3. Cinco de Espadas: *perda*.
4. Arcano XVI – A CASA DE DEUS: *catástrofe*.
5. Sete de Denários: *especulação*.

Essa combinação denota *especulação infeliz, perda de bens*.

1. Dez de Denários: *dinheiro*.
2. Ás de Denários: *ouro*.
3. Nove de Denários: *certidão*.
4. Arcano X – A RODA DA FORTUNA: *fortuna*.
5. Sete de Denários: *negócios*.

Essas lâminas significam *especulação feliz, certeza de êxito*.

1. Dez de Denários: *dinheiro*.
2. Oito de Denários: *trabalhos*.
3. Arcano XXII – O MUNDO: *consulente*.
4. Ás de Espadas: *associação*.
5. Rei de Denários: *homem*.

Essa combinação denota *associação por interesse*.

1. Arcano XII: O PENDURADO: *angústia*.
2. Oito de Denários: *posição*.
3. Arcano XIII – A MORTE: *destruição*.
4. Arcano XVI – A CASA DE DEUS: *queda*.
5. Arcano XXI – O LOUCO: *imprevidência*.

Essa combinação denota *ruína por falta de previdência*.

1. Arcano VII – O CARRO: *providência*.
2. Oito de Denários: *posição*.
3. Arcano XIII – A MORTE: *destruição*.
4. Arcano XVI – A CASA DE DEUS: *queda*.
5. Arcano XXI – O LOUCO: *imprevidência*.

Essas lâminas significam *ruína evitada por auxílio providencial*.

1. Arcano XXII – O MUNDO: *consulente*.
2. Dois de Denários: *posição*.
3. Arcano X – A RODA DA FORTUNA: *ascensão*.
4. Arcano XVII – A ESTRELA: *influência*.
5. Arcano IV – O IMPERADOR: *homem poderoso*.

Essa combinação denota que a *pessoa chegará a uma brilhante posição graças à influência de uma grande personalidade*.

1. Arcano XXII – O MUNDO: *consulente*.
2. Oito de Bastões: *caminho*.
3. Dois de Denários: *carta*.
4. Dez de Denários: *dinheiro*.
5. Dez de Bastões: *cidade estrangeira*.

Essas lâminas significam que o *consulente vai receber uma carta com valor, expedida de uma cidade estrangeira*.

1. Dez de Bastões: *cidade estrangeira*.
2. Dez de Denários: *dinheiro*.
3. Dois de Denários: *carta*.
4. Soldado de Bastões: *partida*.
5. Arcano XXII – O MUNDO: *consulente*.

Essa combinação indica que o *consulente remeterá uma carta com valor para uma cidade estrangeira*.

1. Quatro de Bastões: *campo*.
2. Ás de Copas: *casa*.
3. Arcano V – O PAPA: *homem de toga*.
4. Sete de Denários: *compra*.
5. Arcano XXII – O MUNDO: *consulente*.

Essa combinação denota que o *consulente fará a aquisição de uma casa de campo*.

1. Arcano XXII – O MUNDO: *consulente*.
2. Ás de Copas: *casa*.
3. Sete de Denários: *compra*.
4. Rei de Denários: *homem*.
5. Ás de Denários: *ouro*.

Essas lâminas indicam que um homem rico *comprará a casa do consulente*.

1. Arcano VIII – A JUSTIÇA: *justiça*.
2. Sete de Espadas: *tormentos*.
3. Arcano VII – O CARRO: *providência*.
4. Nove de Denários: *segurança*.
5. Arcano XXII – O MUNDO: *consulente*.

Essa combinação indica que o *consulente ganhará um processo*.

1. Arcano VIII – A JUSTIÇA: *justiça*.
2. Sete de Espadas: *tormentos*.
3. Arcano XVI – A CASA DE DEUS: *queda*.
4. Cinco de Espadas: *perda*.
5. Dama de Bastões: *senhora*.

Essas lâminas denotam *perda de um processo para uma senhora*.

1. Arcano VII – O CARRO: *providência*.
2. Arcano X – A RODA DA FORTUNA: *ascensão*.
3. Arcano XXII – O MUNDO: *consulente*.
4. Ás de Denários: *ouro*.
5. Arcano XX – O JULGAMENTO: *surpresa*.

Essas lâminas significam *fortuna inesperada, altos destinos para o consulente*.

1. Dez de Bastões: *cidade estrangeira*.
2. Soldado de Bastões: *partida*.
3. Oito de Bastões: *caminho*.
4. Arcano XX – O JULGAMENTO: *acontecimento*.

Essa combinação denota que *um acontecimento imprevisto obrigará o consulente a ir, o mais depressa possível, para uma cidade estrangeira*.

1. Dez de Espadas: *aflição*.
2. Escravo de Denários: *moço*.
3. Dama de Denários: *senhora*.
4. Rei de Denários: *homem*.
5. Arcano XIII – A MORTE: *morte*.

Essas lâminas denotam que *a morte de um chefe de família a deixará em aflição*.

1. Oito de Copas: *alegria*.
2. Escravo de Copas: *criança*.
3. Dama de Copas: *esposa*.
4. Rei de Copas: *esposo*.
5. Três de Denários: *nascimento*.

Essa combinação indica que *um nascimento trará alegria a uma família*.

1. Rei de Copas: *homem amante*.
2. Rei de Denários: *homem rico*.
3. Arcano XXII – O MUNDO: *consulente*.
4. Rei de Bastões: *homem justo*.
5. Rei de Espadas: *homem de toga*.

Essa combinação denota que *o consulente assistirá a uma reunião importante*.

1. Escravo de Bastões: *criado*.
2. Escravo de Espadas: *vigilância*.
3. Escravo de Copas: *trabalho*.
4. Escravo de Denários: *moço*.
5. Ás de Copas: *casa*.

De acordo com a tradição boêmia, essas lâminas indicam *mudança de casa*.

1. Dez de Copas: *cidade*.
2. Oito de Bastões: *caminho*.
3. Arcano XXII – O MUNDO: *consulente*.
4. Soldado de Bastões: *partida*.
5. Quatro de Bastões: *campo*.

Essa combinação anuncia que o *consulente trocará o campo pela cidade*.

1. Dez de Bastões: *cidade estrangeira*.
2. Arcano XVIII – A LUA: *água*.
3. Soldado de Bastões: *partida*.
4. Oito de Bastões: *caminho*.
5. Arcano XXII – O MUNDO: *consulente*.

Essas lâminas denotam que o *consulente atravessará o mar para ir a uma cidade estrangeira*.

1. Arcano XIII – A MORTE: *morte*.
2. Arcano XVIII – A LUA: *água*.
3. Arcano XVI – A CASA DE DEUS: *queda*.
4. Rei de Espadas: *homem idoso*.
5. Arcano XV – O DIABO: *força maior*.

Essa combinação denota que *um homem idoso corre perigo de morte por queda ou submersão*.

1. Arcano VII – O CARRO: *providência*.
2. Arcano XVIII – A LUA: *água*.
3. Arcano XVI – A CASA DE DEUS: *queda*.
4. Rei de Espadas: *homem*.
5. Arcano XV – O DIABO: *força maior*.

Essa combinação significa *perigo de naufrágio evitado*. (Observar o papel do Arcano VII.)

1. Arcano XIII – A MORTE: *morte*.
2. Arcano XIX – O SOL: *fogo*.
3. Arcano XVI – A CASA DE DEUS: *queda*.
4. Dama de Denários: *dama*.
5. Arcano XV – O DIABO: *força maior*.

Essas lâminas indicam que *uma senhora correrá perigo de morte por fogo ou raio*.

1. Dez de Bastões: *cidade estrangeira*.
2. Arcano XIX – O SOL: *fogo*.
3. Arcano XVI – A CASA DE DEUS: *catástrofe*.
4. Arcano XI – A FORÇA: *força*.
5. Sete de Espadas: *conflito*.

Essa combinação significa *conflito, lutas e revoltas em uma cidade estrangeira*.

1. Arcano IV – O IMPERADOR: *soberano*.
2. Arcano XIII – A MORTE: *morte*.
3. Arcano XVI – A CASA DE DEUS: *queda*.
4. Escravo de Espadas: *espião*.
5. Arcano XVIII – A LUA: *noite*.

Essa combinação denota que *um soberano será ameaçado de morte*.

1. Arcano XII – O PENDURADO: *expiação*.
2. Escravo de Espadas: *traidor*.
3. Ás de Copas: *casa*.
4. Arcano XVIII – A LUA: *noite*.
5. Arcano XIX – O SOL: *desvendamento*.

Essas lâminas anunciam *descoberta de uma revolta e prisão dos traidores*.

1. Arcano XIII – A MORTE: *destruição*.
2. Ás de Espadas: *perda*.
3. Quatro de Bastões: *campo*.
4. Arcano XVIII – A LUA: *água*.
5. Arcano XVI – A CASA DE DEUS: *queda*.

Essa combinação denota *desastre causado por raio ou inundação*.

Observação

Na combinação das cartas duas a duas, três a três, quatro a quatro e cinco a cinco, é preciso notar que a leitura da combinação é feita da *esquerda para a direita*.

O cartomante, querendo combinar outras cartas que não se encontrem nas combinações do exemplo, poderá fazê-lo por esse processo.

Para que o consulente possa fazer qualquer combinação com facilidade, é aconselhável estudar a fundo as combinações apresentadas. (AOR)

Capítulo V

Combinação Entre Arcanos e Números: A Tábua Astrológica

Uma cartomante que queira descobrir todos os segredos do tarô ou até um filósofo que pretenda pesquisar esse antigo livro de ciências primitivas não deve se esquecer de que a combinação dos hieróglifos e dos números fornece preciosas indicações.

Desse modo, aconselhamos a todo verdadeiro praticante que reproduza, em grande formato, a tábua da página seguinte.

Essa tábua representa os três aspectos de cada uma das 12 casas astrológicas.

Ao cair em uma dessas 36 casas,[21] o arcano do tarô assume novos significados, que podem ser preciosos em caso de dúvida.

Todo estudo de cartomancia um pouco mais aprofundado deve encerrar-se com o emprego dessa tábua astrológica.

Mademoiselle Lenormand a utilizava muito. No entanto, sua tábua era quadrada e não apresentava as relações das 12 casas, como a dos egípcios, que reconstruímos na forma primitiva.[22]

[21.] As 36 "Casas" do método são chamadas de "Números" no livro original francês. O termo foi substituído por "casa", amplamente utilizado tanto por tarólogos quanto por astrólogos. (N. do RT.)
[22.] O leitor versado em Astrologia tende a perceber que os atributos das casas, propostos por Papus, são incompatíveis com os atributos tradicionais das doze casas astrológicas. Recomenda-se estudo à parte da própria roda zodiacal, que é um esquema gráfico frequentemente aplicado ao tarô como tiragem. Dois títulos são indicados: *O Livro Completo do Tarô*, de Anthony Louis, e *As Doze Casas*, de Howard Sasportas, ambos publicados pela Editora Pensamento. (N. do RT.)

Entretanto, como alguns escritores copiam as pesquisas dos autores originais e não os citam, deixamos nessa tábua um leve erro que não prejudica em nada o sentido adivinhatório, mas que logo permitirá desmascarar o plagiador.

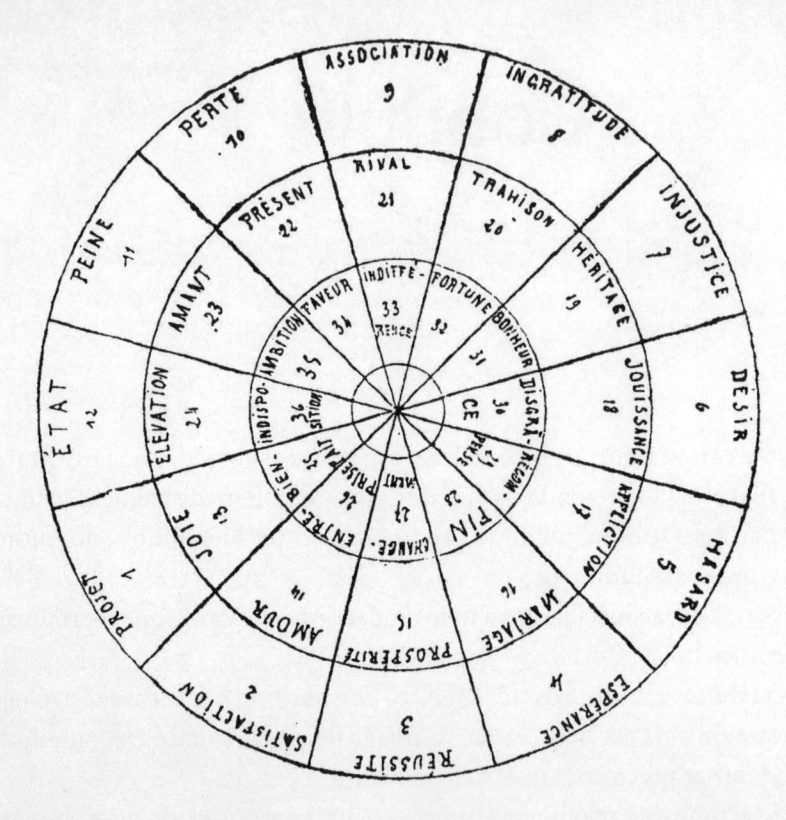

1. Projeto	2. Satisfação	3. Sucesso	4. Esperança
5. Acaso	6. Desejo	7. Injustiça	8. Ingratidão
9. Associação	10. Perda	11. Sofrimento	12. Estado
13. Alegria	14. Amor	15. Prosperidade	16. Casamento
17. Aflição	18. Prazer	19. Herança	20. Traição
21. Rival	22. Presente	23. Amante	24. Elevação
25. Benefício	26. Iniciativa	27. Mudança	28. Fim
29. Recompensa	30. Desgraça	31. Felicidade	32. Fortuna
33. Indiferença	34. Favor	35. Ambição	36. Indisposição

Tábua astrológica reconstituída por Papus.

Casa 1 – Projeto

Quando uma carta se encontra na Casa 1, significa sucesso nos projetos. Quando consultadas separadamente, as três cartas que a acompanham explicarão os acontecimentos de maneira mais ampla.

Uma carta de Bastões na Casa 1, onde está escrito "projeto", denota que pessoas fiéis se dedicarão ao êxito dos projetos formados.

Uma carta de Denários na Casa 1 anuncia grandes dificuldades nos negócios causadas pela inveja, e as cartas que a acompanham explicarão as causas do atraso ou do fracasso.

Uma carta de Espadas nessa mesma casa significa traição e espera em vão para o consulente.

Casa 2 – Satisfação

O consulente terá seus desejos realizados e favorecidos pelo Céu quando uma carta de Copas se encontrar na Casa 2, onde está escrito "satisfação". As cartas que a acompanham darão informações sobre os efeitos, os acontecimentos etc.

Uma carta de Bastões nessa casa anuncia que a fidelidade superará tudo para fazer o consulente feliz. As três cartas que a acompanham explicarão as circunstâncias.

Uma carta de Denários na Casa 2 anuncia grandes dificuldades causadas pela inveja. As três cartas que a acompanham indicarão as causas do atraso.

Uma carta de Espadas nessa casa anuncia traição e esperança fracassada.

Casa 3 – Sucesso

Há que se considerar o termo "sucesso" de acordo com as condições do consulente e sua iniciativa.

Uma carta de Copas na Casa 3 denota sucesso e favorecimento, e as três cartas que a acompanham explicarão melhor as causas, quando seu valor particular for consultado.

Uma carta de Bastões na Casa 3 significa que, com o auxílio de amigos, o consulente terá êxito e afastará os invejosos e ciumentos. Para mais explicações, devem-se consultar as três cartas que a acompanham.

Uma carta de Denários na Casa 3 anuncia que o consulente terá de superar muitas dificuldades em suas iniciativas, por causa de invejosos, e terá pouco sucesso, embora cumpra seus deveres de maneira honrada.

Uma carta de Espadas anuncia ao consulente que ele será traído, o que o impedirá de ter êxito em seus projetos. As três cartas que a acompanham darão mais explicações a respeito.

Casa 4 – Esperança

Uma carta de Copas na Casa 4 anuncia que as esperanças do consulente serão bem-sucedidas e se realizarão. As três cartas que a acompanham darão mais informações sobre os acontecimentos.

Uma carta de Bastões anuncia que o consulente, por meio do trabalho e da ajuda de amigos, terá todas as esperanças realizadas.

Uma carta de Denários na Casa 4 significa e representa esperanças pouco fundamentadas e totalmente vãs.

Uma carta de Espadas nessa mesma casa anuncia esperanças irracionalmente concebidas ou destruídas por completo pela traição. As outras três cartas indicarão melhor a circunstância.

Casa 5 – Acaso

Deve-se considerar acaso um ganho na loteria, nas cartas e em outros jogos, bem como a descoberta de tesouros escondidos, de pessoas que se tornam amantes, de benfeitores, de ladrões e de perda ocasionada pela água ou pelo fogo.

Uma carta de Copas na Casa 5 denota um acaso feliz, que fará a fortuna do consulente e o tornará muito respeitado. As três cartas que a acompanham darão mais detalhes.

Uma carta de Bastões nessa casa anuncia ao consulente que, com a ajuda dos amigos ou benfeitores, o acaso lhe permitirá tentar uma sorte melhor, na qual ele será muito bem-sucedido.

Uma carta de Denários na mesma casa significa que o acaso arranjará para o(a) consulente um(a) amante, um(a) benfeitor(a), uma viagem próspera, heranças e notícias de parentes. As três cartas que a acompanham, mais a carta na Casa 17 e suas outras quatro, consideradas em seus valores particulares e nos de suas junções, anunciam que as Copas devem ser vistas como bons parentes; os Bastões, como amigos fiéis; os Denários, como algo que vem de fora; as Espadas, como maus parentes ou amigos de mau agouro; ou seja, se as Espadas estiverem na Casa 5, significarão acaso infeliz, como roubo, falência e perda pelo fogo ou pela água.

Casa 6 – Desejo

O termo e o objeto, como desejar e desejo, devem ser considerados como dinheiro, amante, sucessão, herança, associação, posse, casamento, descobertas e talentos.

Uma carta de Copas na Casa 6 anuncia que o consulente realizará seu desejo ardente.

Uma carta de Denários nessa casa anuncia que será preciso calar a inveja e contentar as pessoas interessadas para que se consiga obter o objeto desejado.

Uma carta de Espadas na Casa 6 significa que o desejo do consulente não será realizado. As três cartas que a acompanham darão informações sobre esses acontecimentos tanto para as cartas de Espadas e Denários quanto para as de Bastões e Copas.

Casa 7 – Injustiça

O termo "injustiça" será considerado por causas não merecidas, como perda de emprego, de processo, de estima por parte dos benfeitores em razão de calúnias ou má interpretação nas coisas confiadas. Nesse caso, se uma carta de Copas se encontrar na Casa 7, anunciará ao consulente que a injustiça feita a ele será reparada para sua total satisfação. Para mais informações, devem-se consultar as três cartas que a acompanham.

Uma carta de Bastões na Casa 7 anuncia que o consulente deve empenhar-se com os amigos para obter a reparação da honra, que lhe será concedida após justa solicitação. Para mais informações sobre esse bem-sucedido futuro, devem-se consultar as três cartas que a acompanham.

Uma carta de Denários na Casa 7 anuncia que a pessoa deve recorrer às pessoas presentes para obter reparação honrosa da injustiça recebida. Para saber mais a respeito, devem-se consultar os indícios fornecidos pelas três cartas que a acompanham.

Uma carta de Espadas na Casa 7 significa que nada é capaz de apagar a injustiça feita ao consulente, e que, para evitar que ela aumente, ele deve fingir que a esqueceu e se calar.

Casa 8 – Ingratidão

A ingratidão tem causas naturais e forçadas, como emprestar dinheiro a quem é incapaz de devolvê-lo e cobrar-lhe com dureza ou por meio da justiça, ou ainda empregar, por generosidade, um homem descrente, dando-lhe a ocasião de se tornar ingrato, uma vez que ele obterá um cargo no qual poderá prejudicar o benfeitor. Por conseguinte, não devemos nos queixar da ingratidão dos homens, pois, na maioria das vezes, somos nós mesmos que lhes fornecemos a ocasião por excesso de confiança.

Uma carta de Copas na Casa 8 anuncia que o consulente obterá ampla justiça das pessoas que o feriram com ingratidão.

Uma carta de Denários anuncia ao consulente que a inveja será a causa da ingratidão recebida.

Uma carta de Espadas na Casa 8 significa que o consulente será traído pelas pessoas que ajudou. Para evitar um mal maior, ele terá de parecer insensível, calar-se e até fazer o bem a esses ingratos. Em todas as observações apresentadas, as três cartas de acompanhamento fornecerão mais detalhes.

Casa 9 – Associação

Uma carta de Copas na Casa 9 anuncia ao consulente que todas as suas associações serão bem-sucedidas, conforme seu desejo.

Uma carta de Bastões na Casa 9 anuncia que, graças ao trabalho e à ajuda de amigos, as associações se tornarão proveitosas.

Uma carta de Denários na Casa 9 significa que a inveja fará o consulente sofrer nas associações.

Uma carta de Espadas na Casa 9 anuncia que o consulente em associação fará a felicidade de outras pessoas, mas não a sua própria. As três cartas que a acompanham darão mais informações.

Pelo termo "associação" entende-se tudo o que deve acontecer, como um casamento, uma sociedade comercial, industrial, de iniciativas, aquisições ou ações fraudulentas. Tudo depende das condições e das esperanças do consulente.

Casa 10 – Perda

Uma carta de Copas na Casa 10 anuncia ao consulente que ele perderá seus benfeitores e sofrerá muito por isso.

Uma carta de Bastões nessa mesma casa significa que o consulente perderá amigos fiéis, o que afetará suas esperanças.

Uma carta de Denários na Casa 10 anuncia perda de bens ao consulente, ou seja, dinheiro, terras, herança ou pretensão legítima, móveis, joias etc.

Uma carta de Espadas na referida casa anuncia ao consulente grande perda de dividendos. Para mais informações sobre a natureza dos objetos perdidos, devem-se consultar as quatro cartas que a acompanham.

Casa 11 – Sofrimento

Uma carta de Copas na Casa 11 significa que o consulente passará por intenso sofrimento, causado por um amor ou pelos próprios parentes.

Uma carta de Bastões na Casa 11 representa sofrimento por uma amizade.

Uma carta de Denários na mesma casa anuncia ao consulente que ele terá prejuízos. As cartas que a acompanham explicarão a natureza desses prejuízos.

Uma carta de Espadas na Casa 11 significa que o consulente sofrerá por causa da inveja e da traição.

Casa 12 – Estado

Uma carta de Copas na Casa 12 anuncia ao consulente que seu estado melhorará a cada dia.

Uma carta de Bastões na mesma casa anuncia que o estado do consulente se intensificará e, graças à sua assiduidade, ao seu trabalho e à ajuda de amigos fiéis, ele prosperará.

Uma carta de Denários na Casa 12 anuncia ao consulente que a inveja o manterá em estado difícil de suportar.

Uma carta de Espadas nessa casa significa decadência de estado. Esse futuro corresponde à próxima consulta.

Casa 13 – Alegria

Uma carta de Copas na Casa 13 significa que o consulente sentirá alegria pura, agradável e muito proveitosa.

Uma carta de Bastões nessa casa anuncia ao consulente aumento de fortuna graças à ajuda de amigos fiéis.

Uma carta de Denários na Casa 13 significa que o consulente ficará extremamente feliz ao se sair bem em um negócio, apesar dos invejosos.

Uma carta de Espadas nessa mesma casa anuncia que o consulente ficará muito feliz por ter sido útil aos seus superiores, que aumentarão sua fortuna.

Casa 14 – Amor

Uma carta de Copas na Casa 14 anuncia que o consulente será feliz no amor.

Uma carta de Bastões na mesma casa indica ao consulente que ele terá um amor fiel.

Uma carta de Denários na Casa 14 anuncia ao consulente que ele terá problemas de ciúme no amor.

Uma carta de Espadas nessa casa significa que o consulente sofrerá traição no amor. As quatro cartas de acompanhamento explicarão os acontecimentos.

Casa 15 – Prosperidade

Uma carta de Copas na Casa 15 anuncia prosperidade legítima ao consulente.

Uma carta de Bastões nessa casa significa que, graças à sua inteligência, ao seu temperamento e à ajuda de amigos fiéis, o consulente terá ganho mais que suficiente para viver com honestidade em sua condição.

Uma carta de Denários na Casa 15 anuncia ao consulente decadência de fortuna em consequência da inveja.

Uma carta de Espadas nessa casa significa que os efeitos do ódio e da infidelidade destruirão a prosperidade do consulente.

Casa 16 – Casamento

Quem estiver para se casar deve consultar as cartas. Quem já for casado ou passou da idade de se casar deve considerar a Casa 16 como relativo aos seus parentes próximos ou benfeitores, pois os efeitos do bem ou do mal devem estender-se à pessoa para a qual as cartas são lidas.

Uma carta de Copas na Casa 16 anuncia ao consulente um casamento feliz, no qual o amor é recíproco.

Uma carta de Bastões nessa casa significa que, graças à ajuda de amigos, o consulente terá um casamento feliz e agradável.

Uma carta de Denários na Casa 16 anuncia ao consulente que o ciúme perturbará seu casamento.

Uma carta de Espadas nessa casa significa que o ciúme e a traição farão o consulente perder um rico casamento.

Casa 17 – Aflição

Uma carta de Copas na Casa 17 anuncia ao consulente sofrimento por amor passageiro.

Uma carta de Bastões nessa casa significa que o consulente sofrerá por um amigo, e essa aflição só se apagará depois da reconciliação.

Uma carta de Denários na Casa 17 anuncia ao consulente aflição causada pelo ciúme.

Uma carta de Espadas na mesma casa representa aflição considerável, causada por traição.

Casa 18 – Prazer

Uma carta de Copas na Casa 18 anuncia que os amores do consulente serão acompanhados de desejos recíprocos e de prazer sem amargura.

Uma carta de Bastões nessa casa significa que, graças a seu cuidado, à sua gentileza e à ajuda de amigos, o consulente terá o amor e a afeição da pessoa amada.

Uma carta de Denários na Casa 18 indica prazer tempestuoso e perturbado pelo ciúme, mas que terminará sem inconvenientes.

Uma carta de Espadas nessa mesma casa anuncia prazer de curta duração, prestes a se desfazer.

Casa 19 – Herança

Uma carta de Copas na Casa 19 anuncia que o consulente receberá uma herança legítima e considerável.

Uma carta de Bastões na mesma casa significa que amigos do consulente lhe deixarão de herança parte de seus bens.

Uma carta de Denários na Casa 19 anuncia que a inveja e o interesse de amigos ou parentes desleais o farão perder uma herança legítima, à qual tem direito.

Uma carta de Espadas na mesma casa anuncia que o consulente perderá, por traição, um bem herdado ou uma doação feita em testamento por um benfeitor.

Casa 20 – Traição

A carta de Copas na Casa 20 anuncia ao consulente que o mal que querem lhe fazer por traição recairá sobre o traidor.

Uma carta de Bastões nessa casa significa que, com a ajuda de amigos fiéis, o consulente será preservado de uma enorme traição, que prejudicaria muito seus negócios.

Uma carta de Denários na Casa 20 anuncia que o consulente será traído em razão da inveja, o que o deixará muito triste, mas os efeitos se apagarão com o tempo.

Uma carta de Espadas nessa casa indica que o consulente sofrerá calúnia, será traído em suas esperanças e perderá amigos.

Casa 21 – Rival

No amor, o termo "rival" representa o(a) amante e, no caso de bens, o objeto que concorre com as intenções do consulente.

Uma carta de Copas na Casa 21 anuncia que o consulente terá a preferência sobre os rivais e toda sorte de satisfação.

Uma carta de Bastões na mesma casa significa que, graças a seu mérito e à ajuda de verdadeiros amigos, o consulente obterá vitória sobre os rivais.

Uma carta de Denários na Casa 21 anuncia que os rivais do consulente obterão, por inveja e intrigas, parte dos favores que ele próprio terá solicitado.

Uma carta de Espadas nessa casa representa a desgraça completa para o consulente e que todos os favores serão concedidos aos rivais.

Casa 22 - Presente

Uma carta de Copas na Casa 22 significa que o consulente receberá presentes de valor acima de sua expectativa.

Uma carta de Bastões na mesma casa anuncia presentes de interesse, dados ao consulente por amor-próprio.

Uma carta de Denários na Casa 22 representa um coração vil, baixo, desprezível, que será seduzido até pelo menor presente.

Uma carta de Espadas na mesma casa anuncia presentes pérfidos, dados por uma pessoa mal-intencionada para afastar as suspeitas que o consulente poderia levantar contra ela.

Casa 23 - Amante

Uma carta de Copas na Casa 23 anuncia um amante de bom caráter e afetuoso. O mesmo significado vale para os amigos.

Uma carta de Bastões na mesma casa representa um amante fiel, de origem ilustre e generoso. O mesmo significado vale para os amigos.

Uma carta de Denários na Casa 23 anuncia um amante ciumento, desconfiado e mal-humorado. Além disso, indica amigos invejosos, desconfiados e interesseiros.

Uma carta de Espadas na Casa 23 anuncia um amante astuto, interesseiro, vingativo e inconstante. O mesmo significado vale para os amigos.

Casa 24 - Elevação

O termo "elevação" deve ser considerado como um acaso feliz, embora ainda não tenha ocorrido com o consulente.

Uma carta de Copas na Casa 24 anuncia que o consulente será elevado em condição bem acima de sua expectativa e objeto da admiração e da estima de pessoas de bem.

Uma carta de Bastões na mesma casa significa que, pela minúcia com que cumpre seu dever e graças à ajuda de amigos fiéis, o consulente será promovido e terá fortuna.

Uma carta de Denários na Casa 24 significa que a inveja adiará, por muito tempo, a promoção do consulente.

Uma carta de Espadas na mesma casa anuncia que a traição prejudicará incessantemente a promoção do consulente.

Casa 25 – Benefício Merecido

Uma carta de Copas na Casa 25 anuncia que o consulente receberá dos superiores a recompensa merecida, prometida ou esperada.

Uma carta de Bastões na mesma casa significa que, com a ajuda de amigos, o consulente terá o benefício merecido.

Uma carta de Denários na Casa 25 anuncia que, devido à inveja, o consulente terá muita dificuldade em divulgar suas pretensões e, assim, obter o benefício merecido, do qual receberá apenas uma parte.

Uma carta de Espadas na mesma casa significa que o benefício merecido será dado a outra pessoa, por traição.

Casa 26 – Iniciativa

Uma carta de Copas na Casa 26 anuncia que todas as iniciativas do consulente serão bem-sucedidas.

Uma carta de Bastões na mesma casa significa que o consulente será ajudado pelos amigos em suas iniciativas e que elas serão lucrativas.

Uma carta de Denários na Casa 26 indica que a inveja e o interesse prejudicarão, em grande medida, o sucesso das iniciativas do consulente.

Uma carta de Espadas nessa casa anuncia ao consulente que grande parte de suas iniciativas lhe serão desfavoráveis, sobretudo aquelas que deveriam aumentar rapidamente sua fortuna, mas não as que satisfarão às suas necessidades básicas.

Casa 27 – Mudança

Uma carta de Copas na Casa 27 anuncia que o consulente terá uma feliz mudança em honra e fortuna.

Uma carta de Bastões na mesma casa indica que, graças à ajuda de amigos fiéis, o consulente obterá mudança de condição e fortuna.

Uma carta de Denários na Casa 27 anuncia ao consulente que os efeitos da inveja mudarão desfavoravelmente sua posição.

Uma carta de Espadas na mesma casa anuncia que o consulente não sofrerá nenhuma mudança em sua condição.

Casa 28 – Morte e Fim

Uma carta de Copas na Casa 28 significa que a morte de um parente ou benfeitor aumentará a fortuna do consulente.

Uma carta de Bastões nessa casa anuncia ao consulente que um de seus amigos lhe deixará de herança uma lembrança benéfica.

Uma carta de Denários na Casa 28 anuncia ao consulente a morte de um inimigo.

Uma carta de Espadas nessa casa anuncia a morte de quem mais fez mal ao consulente na vida.

Casa 29 – Recompensa

Uma carta de Copas na Casa 29 significa que o consulente será recompensado por sua habilidade, seu trabalho, sua fidelidade, sua bondade e estima.

Uma carta de Bastões na Casa 29 anuncia que, graças à ajuda dos amigos, o consulente receberá a recompensa que lhe é devida e na qual deposita todas as esperanças.

Uma carta de Denários na Casa 29 anuncia ao consulente que a inveja atrasará ou diminuirá sua recompensa.

Uma carta de Espadas nessa casa significa que o consulente perderá, por traição, a recompensa prometida ou esperada.

Casa 30 – Desgraça

Uma carta de Copas na Casa 30 anuncia ao consulente que ele sofrerá uma desgraça, mas a esquecerá facilmente.

Uma carta de Bastões nessa casa indica que o consulente será afetado pela desgraça sofrida por um amigo benfeitor.

Uma carta de Denários na Casa 30 anuncia que os efeitos da inveja causarão sérias desgraças ao consulente.

Uma carta de Espadas na referida casa significa que o consulente será traído por um amigo de confiança e, por conseguinte, sofrerá várias desgraças.

Casa 31 – Felicidade

Uma carta de Copas na Casa 31 anuncia ao consulente felicidade imprevista, que tornará sua vida agradável.

Uma carta de Bastões na mesma casa anuncia que, com o auxílio de amigos, o consulente aproveitará um golpe de sorte que aumentará consideravelmente sua fortuna.

Uma carta de Denários na Casa 31 significa que os efeitos da inveja e da ambição de amigos desleais serão favoráveis ao consulente.

Uma carta de Espadas nessa casa anuncia que, em caso de urgência, o consulente será socorrido por amigos. Algumas pessoas atentarão contra sua vida, mas a ameaça de assassinato será desviada pelos próprios amigos. O consulente sofrerá até mesmo tentativa de envenenamento por parte de pessoas que querem destruí-lo, mas será em vão.

Casa 32 – Fortuna

Uma carta de Copas na Casa 32 anuncia que o consulente terá boa fortuna, proporcional às suas expectativas.

Uma carta de Bastões nessa casa anuncia ao consulente que, graças à ajuda de amigos sinceros e benevolentes, seu trabalho e sua inteligência lhe renderão fortuna.

Uma carta de Denários na Casa 32 anuncia que seres invejosos, nos quais o consulente depositará muita confiança, farão fortuna à sua custa, pois se aproveitarão, com habilidade, de sua grande bondade.

Uma carta de Espadas nessa casa anuncia que todo o talento e toda a engenhosidade do consulente servirão apenas para fazer a fortuna de traidores que se apresentarão para fingir que lhe servirão. De tudo a que tem direito, ele só conseguirá obter o necessário para a subsistência. Há que se analisar as cartas de acompanhamento.

Casa 33 – Indiferença

Uma carta de Copas na Casa 33 anuncia que, graças à indiferença pelos bens alheios, o consulente terá uma vida tranquila.

Uma carta de Bastões nessa casa indica que a indiferença do consulente pela escolha de amigos lhe causará muita tristeza.

Uma carta de Denários ou Espadas na Casa 33 anuncia que o consulente perderá bens devido à indiferença, e que as pessoas mais cuidadosas e vigilantes recolherão o que ele negligenciar. Há que se consultar as três cartas de acompanhamento.

Casa 34 – Favor

Uma carta de Copas na Casa 34 anuncia que o consulente será favorecido no amor e merecerá a consideração de pessoas ricas, que farão sua fortuna.

Uma carta de Bastões na mesma casa anuncia ao consulente que, graças ao seu comportamento prudente e exemplar, ele ganhará todas as causas.

Uma carta de Denários na Casa 34 anuncia que o consulente terá muita dificuldade em obter verdadeiros favores.

Uma carta de Espadas nessa casa significa que o consulente solicitará, em vão, favores que lhe rendam frutos. Há que se analisar as cartas de acompanhamento.

Casa 35 – Ambição

Uma carta de Copas na Casa 35 significa que o consulente deve esperar tudo de sua ambição e receberá o que espera.

Uma carta de Bastões nessa casa anuncia que, por seu mérito e sua inteligência para fazer amizades, o consulente terá sucesso em todos os desejos relativos à sua condição e às suas expectativas.

Uma carta de Denários na Casa 35 significa que a inveja dos amigos, sócios e parentes alterará e desacelerará as possibilidades de o consulente realizar seus desejos.

Uma carta de Espadas nesse local anuncia que o consulente, por astúcia e traição de amigos, será privado do principal objeto de sua ambição. Há que se analisar as três cartas de acompanhamento.

Casa 36 – Indisposição ou Doença

As doenças serão de curta duração se uma carta de Copas estiver colocada na Casa 36. Se for de Bastões, serão sem gravidade; se for de Denários, o consulente sentirá leve indisposição; se for de Espadas, só poderão atingir os inimigos.

Capítulo VI
Estudo Detalhado dos Sentidos Adivinhatórios das 78 Lâminas, Segundo Etteilla e D'odoucet[23]

O Tarô de Etteilla[24]
Comentado por d'Odoucet

---

23. Melchior Montmignon d'Odoucet, aluno, colaborador e continuador de Etteilla. Era membro da Sociedade de Intérpretes do *Livro de Thoth*, fundada por seu mentor em 1788. D'Odoucet, pretenso herdeiro de Etteilla, foi o responsável por continuar a edição e a venda de suas obras, entre elas o baralho, com o título *Grand Etteilla*, que, posteriormente, ganharia novas versões e edições. (N. do RT.)

24. As descrições das cartas a seguir são baseadas na ordem e nas imagens do tarô de Etteilla, difundido por d'Odoucet, que Papus tanto celebra pela relevância à cartomancia quanto critica por pouco ter a ver com a estrutura clássica do tarô, como a do Tarô de Marselha. AOR jamais considerou essas atribuições ao montar *O Tarô Adivinhatório* para evitar complicações ao leitor. Esse estudo foi mantido em respeito à edição francesa original.

O tarô concebido por Etteilla foi ilustrado e publicado integralmente em 1788, pelo gravador Pierre-François Basan, com o título *Le Livre de Thoth ou Collection précieuse des tableaux de la Doctrine de Mercure dans laquelle se trouve le chemin royal de la vie humaine* (O Livro de Thoth ou Coleção preciosa dos quadros da Doutrina de Mercúrio, na qual se encontra o Caminho Régio da Vida Humana). As cartas foram gravadas a pedido de Etteilla para sua Sociedade dos Intérpretes do *Livro de Thoth*, clube de assinaturas sobre esoterismo. Em 1789, enquanto presidente dessa associação, disponibiliza a cada membro um exemplar completo desse baralho, colorido a pincel.

O tarô conhecido por *Grand Etteilla I*, publicado em Paris por H. Pussey e pela casa Grimaud, entre 1880 e 1890, é claramente derivado das ilustrações originais de Basan. Apesar das drásticas alterações na numeração e nas descrições das cartas aplicadas por Etteilla, esse baralho teve grande repercussão e importância entre os ocultistas da época, sobretudo a Papus, como atesta este capítulo dedicado a ele. (N. do RT.)

O que muitas vezes impede que os iniciantes avancem no estudo do tarô adivinhatório é o sentido restrito atribuído a cada lâmina.

Para ajudar o trabalho dos verdadeiros pesquisadores, resumimos neste capítulo as análises mais difíceis de Etteilla e de seu discípulo d'Odoucet.

Este capítulo será útil apenas aos que desejam fazer um estudo detalhado das 78 lâminas, do ponto de vista adivinhatório.

Será de pouca valia aos leitores que queiram estudar rapidamente o *Livro de Thoth*.

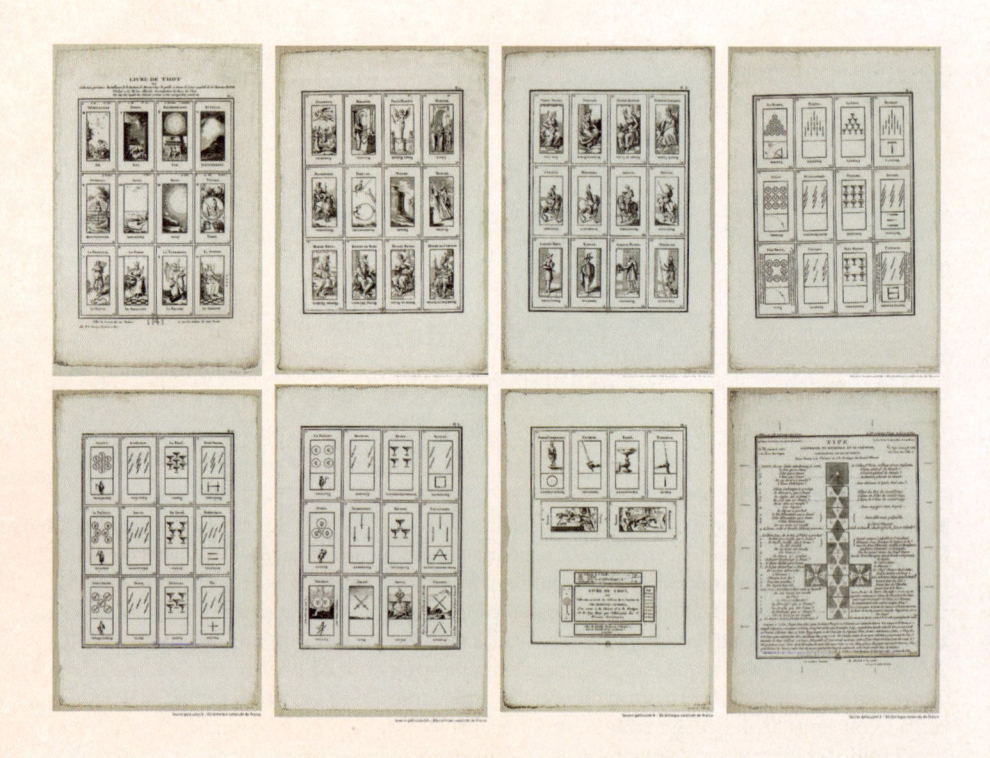

Arcanos Maiores

1
O CONSULENTE

Na posição correta
Significa Deus, ser supremo; espírito central; caos. Meditação, reflexão, concentração mental.

Na posição invertida
O universo. O homem físico, ou o indivíduo, ou do sexo masculino. O consulente.

(Essa lâmina é especial no tarô de Etteilla.)

2
ESCLARECIMENTO

Na posição correta
Essa lâmina significa esclarecimento, luz, explicação. Clareza, glória, céu e terra. Enxofre dos filósofos.

Na posição invertida
Fogo. Calor, luar. Incêndio. Chama. Paixões. Meteoros, relâmpagos, raio. Fogo interno, externo e filosófico.

Corresponde à lâmina 19 do tarô egípcio reconstituído por nós.

3
CONVERSA

Na posição correta
Essa lâmina significa conversa, colóquio, diálogo, discurso, entrevista, falar, tagarelar, bater papo. Maledicência, calúnia, resolução, deliberação. Lua.

Na posição invertida
Água fluida, orvalho, chuva, mar, rio, afluente, fonte, torrente, chafariz, regato, lago, pântano, charco, lençol freático, lagoa. Umidade, vapor impregnado, fumaça, mercúrio, água caótica e filosófica. Emanação, geada, neve, exalação, evaporação. Instabilidade, inconstância, silêncio. Murmúrio. Paciente.

Corresponde à lâmina 18 do nosso tarô.

4
DESPOJAMENTO

Na posição correta
Essa lâmina significa despojamento, privação, desfecho, abandono, análise, excerto, apuração, triagem, separação, depredação, espoliação, roubo, perdas, privação de assistência.

Na posição invertida
Ar, vento, tempestade, atmosfera, clima, seca, céu, estrelas. Pássaros, sutil, volátil, tom. Conduta, afetação, artifício, aparência, fisionomia, semelhança. Ondas sem consistência. Arrogância, superioridade, importância. Canto, música, melodia.

Corresponde à lâmina 17 do nosso tarô.

5
VIAGEM

Na posição correta
Essa lâmina significa viagem, estrada, marcha, caminhada, deslocamento, peregrinação, visita, corrida, incursão, emigração, transmigração. Juiz. Debandada. Rotação, circulação. Desorientar, desconcertar.

Na posição invertida
Terra, matéria, lama, limo, lodo. Matéria-prima, enxofre e mercúrio, sal dos sábios, frio, espesso. Gnomo fêmea, mundo, globo terrestre, estado, reino, império. Terreno, território, propriedades, bens rurais. Aspecto, permanência, fixidez, estagnação. Inércia. Animais, fera. Sepulcro, túmulo. Cinzas, poeira, pó. Matéria, sal filosófico.

Corresponde à lâmina 21 do nosso tarô (O Mundo).

6
NOITE

Na posição correta
Na posição natural, essa lâmina significa noite, obscuridade, trevas, privação de luz, noturno, mistério, segredo, máscara, escondido, desconhecido, clandestino, oculto. Véu, emblema, figura, imagem, parábola, alegoria, fogo místico, ciências ocultas. Intrigas ocultas, iniciativas tenebrosas, ações clandestinas. Cegueira, confundir, encobrir, acobertar, dificuldade, dúvida, ignorância.

Na posição invertida
Dia, claridade, luz, brilho, esplendor, iluminação, manifestação, evidência, verdade. Claro, visível, luminoso, dar à luz, revelar, publicar, fazer eclodir. Transparecer, aparecer, esclarecer, adquirir conhecimento. Expediente, facilidade. Abertura, janela, vazio, zodíaco.

Corresponde à lâmina 3 do nosso tarô.

7
APOIO

Na posição correta
Essa lâmina significa apoio, sustentação, suporte, arcobotante, coluna, base, fundação, alicerce. Princípio, razão, causa, sujeito, fixidez. Garantia, persuasão, convicção, certeza, segurança, confiança. Ajuda, socorro, assistência, proteção. Alívio, consolo.

Na posição invertida
Proteção, influência, benevolência, beneficência, caridade, humanidade, bondade, comiseração, piedade, compaixão, crédito. Autorização.[25]

---

[25]. Papus não declara a correspondência desta carta de Etteilla, mas, de acordo com suas associações, só poderia ser uma das duas lâminas restantes: a 6 (O Enamorado) ou a 4 (O Imperador), esta última a mais próxima dos significados apresentados. (N. do RT.)

8
A CONSULENTE

Na posição correta
Essa lâmina representa a consulente, ou seja, a mulher que mais interessa ao homem que faz a consulta; significa a consulente. Natureza, descanso, tranquilidade, aposentadoria, vida retirada e solitária, repouso de idosos. Tempo do calor, silêncio, tenacidade.

Na posição invertida
Imitação, Jardim do Éden, efervescência, fervura, fermentação, fermento, levedura, acidez.

Corresponde à lâmina 2 do nosso tarô.

9
A JUSTIÇA

Na posição correta
No que se refere à medicina da mente, significa justiça, equidade, probidade, integridade, retidão, razão. Justiça, execução. *Thoth* ou o *Livro de Thoth*.

Na posição invertida: *o especialista em leis*
Legislação, legislador. Leis, código, estatutos, preceitos, direito natural, direito das pessoas, direito público, direito civil, direito da guerra. O especialista em leis encontra-se sob o domínio imediato desse hieróglifo.

Corresponde à lâmina 8 do nosso tarô.

10
A TEMPERANÇA

Na posição correta
No que se refere à medicina da mente, essa lâmina significa temperança, moderação, frugalidade, castidade, abrandamento, prudência, conciliação. Respeito, consideração. Temperatura, clima, *Thoth* ou o *Livro de Thoth*.

Na posição invertida
Ministro, sacerdócio, clero, igreja, religião, seita; o consulente se encontra sob o domínio dessa virtude.

Corresponde à lâmina 14 do nosso tarô.

11
A FORÇA

Na posição correta
No que se refere à medicina da mente, esta lâmina significa força, heroísmo, magnanimidade, grandeza, coragem. Poder, potência, império, ascendência. Trabalho mental, paciência, resignação, *Thoth* ou o *Livro de Thoth*.

Na posição invertida
Soberano, reino, estado, república, governo, administração, reinado, despotismo, soberania, poder supremo, força arbitrária, povo, nação, fraqueza, imperfeição, discordância.

Corresponde à lâmina 11 do nosso tarô.

12
A PRUDÊNCIA

Na posição correta
No que se refere à medicina da mente, esta lâmina significa prudência, reserva, sabedoria, circunspecção, ponderação, discernimento, previdência, provisão. Pressentimento, prognóstico, profeta. *Thoth* ou o *Livro de Thoth*.

Na posição invertida
Nação, legislador, corpo político, população, geração.

Corresponde à lâmina 12 do nosso tarô.

13
CASAMENTO

Na posição correta
No que se refere à medicina da mente, esta lâmina significa casamento, união, junção, ligação, vínculo, aliança, corrente, escravidão, desconforto, cativeiro, servidão.

Na posição invertida
Sociedade, contatos, liga, mistura, mescla. Paz, concórdia, acordo, harmonia, boa inteligência.

Corresponde à lâmina 5 do nosso tarô.

14
FORÇA MAIOR

Na posição correta
No que se refere à medicina da mente, esta lâmina significa força maior, grande movimento, veemência, esforços extraordinários, força, potência extraordinária, poderes. Virtude, impulsão. Arroubos de genialidade. Devastação, violência. Trabalho físico.

Na posição invertida
Leviandade, fraqueza, mesquinhez, insuficiência.

Corresponde à lâmina 15 do nosso tarô.

15
DOENÇA

Na posição correta
No que se refere à medicina da mente, esta lâmina significa doença, enfermidade. Incômodo, dor, angústia, mal, descontentamento. Pena, sofrimento, infortúnio, desastre.

Na posição invertida

Doença mental, dor de cabeça, posição desfavorável, desgraça, dissabor, inquietação, aflição. Médico, mago.

Corresponde à lâmina 1 do nosso tarô.

16
JULGAMENTO

Na posição correta

No que se refere à medicina da mente, esta lâmina significa julgamento, dedicação, inteligência, concepção, razão, bom senso. Raciocínio, comparação. Ideia, suspeita, pensamento. Opinião, sentimento, dissolução.

Na posição invertida

Determinação, decreto, deliberação, decisão, espírito fraco, pusilanimidade. Simplicidade.

Corresponde à lâmina 20 do nosso tarô.

17
MORTALIDADE

Na posição correta

No que se refere à medicina da mente, esta lâmina significa morte, mortalidade, aniquilamento, destruição. Fim, alteração, apodrecimento, corrupção, putrefação.

Na posição invertida

Inércia, sono, letargia, petrificação. Aniquilamento, sonambulismo.

Corresponde à lâmina 13 do nosso tarô.

18
TRAIDOR

Na posição correta
No que se refere à medicina da mente, esta lâmina significa traição, disfarce, dissimulação, hipocrisia, traidor, enganador, corruptor, sedutor. Astúcia, fraude.

Na posição invertida
Solitário, eremita, oculto, dissimulado, disfarçado. Político, finório.

Corresponde à lâmina 9 do nosso tarô.

19
ANGÚSTIA

Na posição correta
No que se refere à medicina da mente, esta lâmina significa miséria, angústia, indigência, pobreza, fome, carência, necessidade, calamidade, adversidade, infelicidade, sofrimento, tormento, dor, aflição, dissabor, punição, correção, castigo. Despertar, desgraça. Severidade, rigidez, rigor.

Na posição invertida
Aprisionamento, detenção, prisão, cativeiro, opressão, tirania, corrente, sujeição, subjugação.

Corresponde à lâmina 16 do nosso tarô.

20
FORTUNA

Na posição correta
No que se refere à medicina da mente, esta lâmina significa felicidade, melhoria, subvenção, prosperidade. Bens, riquezas, benefícios. Graças, favores. Sorte, destino, aventuras, boa fortuna.

Na posição invertida

Aumento, abundância, acréscimo. Crescimento, vegetação, produção.

Corresponde à lâmina 10 do nosso tarô.

21
DISCÓRDIA

Na posição correta

No que se refere à medicina da mente, esta lâmina significa guerra, discórdia, disputa, ruído, perturbações, motins, agitação, batalha, luta, combate. Orgulho, altivez, vaidade, falsa glória, luxo, ostentação, audácia, temeridade. Violência, desordem, cólera, injúria, presunção, vingança.

Na posição invertida

Ruído, algazarra, querela, discussão, contestação, litígio, aborrecimentos, debates.

Corresponde à lâmina 7 do nosso tarô.

172   O TARÔ ADIVINHATÓRIO

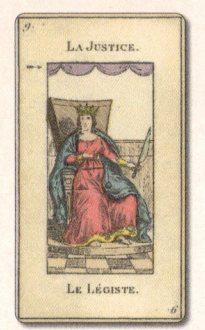

NOTA PRA AMOSTRAGEM[26]

Arcanos Menores

REI DE BASTÕES
22
O HOMEM DO CAMPO

Na posição correta

No que se refere à medicina da mente, esta lâmina significa homem do campo, homem bom e severo, homem bem-intencionado, homem honesto. Consciência, probidade. Agricultor, lavrador, cultivador.

Os hieróglifos apresentam esse arcano como um rei coroado, sentado em seu trono e inclinando o cetro para a terra.

É o símbolo do poder adquirido pelo mérito e pelo trabalho, o emblema da proteção de pessoas altamente colocadas.

Na cartomancia, esse arcano diz: "Procura um poderoso protetor para tuas ações. Se tiveres vontade e fé, tu o encontrarás, e ele te elevará". (AOR)

Na posição invertida

Homem bom e severo. Indulgência, severidade, tolerância, condescendência.

DAMA DE BASTÕES
23
A MULHER DO CAMPO

Na posição correta

No que se refere à medicina da mente, esta lâmina significa mulher do campo, dona de casa, economia, honestidade, civilidade. Gentileza, virtude. Honra, castidade.

---

26. Amostragem das cartas do chamado *Gran Etteilla I*, baseado nas pranchas originais de Pierre-François Basan e considerado o primeiro tarô esotérico. Publicado por H. Pussey, entre 1880-1890, e conservado na Biblioteca Nacional da França. (N. do RT.)

Uma figura masculina ao seu lado indica fidelidade à pessoa representada por essa figura. Junto à outra senhora, representa alguém que se interessa pela consulente.

Os hieróglifos a apresentam como uma Dama coroada, sentada no trono e segurando o cetro: é o símbolo de nascimento em posição elevada ou da proteção de uma senhora da alta sociedade.

Esse arcano diz: "Teu futuro depende do poder de uma mulher; se a encontrares, chegarás ao poder". (AOR)

Na posição invertida
Mulher boa, bondade, excelência. Afável, obsequioso, prestativo. Generosidade, favor, dever.

CAVALEIRO DE BASTÕES
24
PARTIDA

Na posição correta
No que se refere à medicina da mente, esta lâmina significa partida, deslocamento, distanciamento, ausência, abandono, mudança, fuga, deserção, transmigração, emigração. Transposição, translação, transplantação, transmutação, evasão.

Os hieróglifos apresentam esse arcano como um homem a cavalo, armado e com cetro na mão. É o símbolo dos cargos elevados, da luta para conquistar uma posição, do poder adquirido pelas lutas.

Esse arcano diz: "Age e trabalha. O futuro é um campo a ser cultivado. Tanto no bem como no mal, todo trabalho produz frutos". (AOR)

Na posição invertida
Desunião, querela, ruptura, divergência, divisão, parte, separação, partilha. Facção, partido. Briga, desentendimento. Ruptura, fratura, descontinuidade, interrupção.

Os hieróglifos apresentam esse arcano como um homem a cavalo, armado e com cetro na mão. É o símbolo dos cargos elevados, da luta para conquistar uma posição, do poder adquirido pelas lutas.

Esse arcano diz: "Age e trabalha. O futuro é um campo a ser cultivado. Tanto no bem como no mal, todo trabalho produz frutos". (AOR)

VALETE DE BASTÕES
25
ESTRANGEIRO

Na posição correta
No que se refere à medicina da mente, esta lâmina significa estrangeiro, desconhecido, extraordinário. Estranho, inusitado, inabitual, inédito, surpreendente, admirável, maravilhoso, prodígio, milagre. Episódio, digressão, anônimo.

Na posição invertida
Anúncio, instrução, recomendação, aviso, advertência, relatos, crônica, história, contos, fábulas, noções, ensinamento.

Ao lado de uma senhora, anuncia êxito. Ao lado de uma figura masculina, indica que alguém falará por ele; seguido do Valete de Copas, há um rival perigoso; invertida, obstáculo e oposição dos pais do moço ao casamento.

Esse arcano é representado por um homem malvestido com um bastão.

É o símbolo da ruína por iniciativas infrutíferas e combinações errôneas. Profissões inferiores e mau uso das faculdades mentais.

Esse arcano diz: "Teus trabalhos são infrutíferos; jamais colherás os frutos, e a miséria te alcançará se não abandonares teus vãos projetos".

Desconfia dos interesses egoístas e das paixões dos que te rodeiam se não quiseres cair na servidão. (AOR)

DEZ DE BASTÕES
26
TRAIÇÃO

Na posição correta
No que se refere à medicina da mente, esta lâmina significa traição, perfídia, trapaça, fraude, astúcia, surpresa, disfarce, dissimulação, hipocrisia, prevaricação, duplicidade, deslealdade, maldade, falsidade, conjuração, conspiração, impostura.

Na posição invertida
Obstáculo, pressa. Barra, entrave, contrariedades, dificuldades, sofrimento, trabalho. Incômodo, abjeção, chicana, reclamação, armadilha, sebe, trincheira, reduto, fortificação.

Os hieróglifos apresentam esse arcano como *dez bastões* que formam uma figura triangular.

Essa lâmina indica viagens e iniciativas com probabilidade de êxito e estabilidade. Êxito, reputação, celebridade adquirida por meio das artes ou da ciência. Alta recompensa por mérito. Realização de atos que darão alegria e segurança. (AOR)

NOVE DE BASTÕES
27
ATRASO

Na posição correta
No que se refere à medicina da mente, esta lâmina significa atraso, intervalo, distanciamento, adiamento, suspensão, prolongamento, lentidão, desaceleração.

Ao lado do Dez de Denários: alegria por dinheiro. Os hieróglifos apresentam esse arcano como *nove bastões* dispostos de três em três.

Ele indica iniciativas científicas ou mistérios, para cujo êxito é preciso ter prudência e discrição. (AOR)

Na posição invertida
Travessa, obstáculo, impedimentos, contrariedade, desvantagem, adversidade, dificuldade, infortúnio, infelicidade, calamidade.

OITO DE BASTÕES
28
CAMPO

Na posição correta
No que se refere à medicina da mente, esta lâmina significa campo, planície, agricultura, cultura, lavoura, propriedade, imóvel, fazenda, propriedade rural, jardim, pomar, pasto, floresta, bosque, sombra das árvores, prazer, divertimento,

distração, passatempo, recreação, alegria, paz, calma, tranquilidade, inocência, vida no campo. Floresta, vale, montanha, campo de guerra.

Na posição invertida
Disputa interna, análise, raciocínio, desentendimento. Arrependimento, remorso, agitação interna, irresolução, incerteza, indecisão, inconcebível, incompreensível, dúvida, escrúpulo, consciência temerosa.

SETE DE BASTÕES
29
NEGOCIAÇÕES

Na posição correta
No que se refere à medicina da mente, esta lâmina significa negociações, entrevista, conferência, colóquio, conversa, dissertação, deliberação, discussão. Palavra, pronúncia, língua, idioma, dialeto, negociação, mercado, troca, medida, comércio, tráfico, correspondência. Falar, dizer, proferir, conferir, tagarelar, conversar, dividir, fofocar, bater papo.

Dependendo do consulente, anuncia fraqueza no amor; porém, seguido do Sete de Denários e do Nove de Bastões, indica abundância de bens e herança de parentes afastados.

É representada por *sete bastões* que formam dois triângulos: um na posição correta e outro invertido.

Esse arcano indica posse de todos os meios que fazem triunfar. Iniciativas que trazem grandes lucros. É o emblema da matéria submetida às mil combinações da inteligência. Ações triunfantes, coroadas de êxito. (AOR)

Na posição invertida
Indecisão, irresolução, incerteza, perplexidade, inconstância, leviandade, variação, variedade, diversidade, hesitar, hesitação. Titubear, vacilar, versatilidade.

SEIS DE BASTÕES
30
DOMÉSTICO

Na posição correta

No que se refere à medicina da mente, esta lâmina significa doméstico, servidor, Valete, lacaio, servente, mercenário, inferior, escravo. Mensageiro, empregado, doméstico. Interior da casa, lar, família, totalidade dos serviçais da casa.

É representada por *seis bastões* que formam dois triângulos adjacentes. Esse arcano pressagia obstáculos, embaraços, atrasos, indecisões e, às vezes, insucessos nas empresas se houver falta de vontade, firmeza e perseverança. (AOR)

Na posição invertida

Espera, esperança, contar com alguma coisa, apoiar-se em alguma coisa, confiar, esperar. Confiança, previdência. Temor, apreensão.

CINCO DE BASTÕES
31
OURO

Na posição correta

No que se refere à medicina da mente, esta lâmina significa ouro, riqueza, opulência, magnificência, suntuosidade, brilho, luxo, abundância, bem. Sol físico, filosófico e moral.

É representada por *cinco bastões* que formam dois triângulos unidos por ângulos adjacentes.

Esse arcano pressagia concurso de circunstâncias favoráveis ao êxito das empresas, se o consulente não exceder o fim a que se propõe. Deve evitar a cólera, o orgulho e as paixões brutais. (AOR)

Na posição invertida

Processo, litígio, divergências, desentendimentos, contestações, disputas, instância, instrução, perseguição. Contrariedades, discussões, chicana, aborrecimento. Contradição, inconsequência.

QUATRO DE BASTÕES
32
SOCIEDADE

Na posição correta
No que se refere à medicina da mente, esta lâmina significa sociedade, associação, assembleia, ligação, federação, aliança, união, reunião, círculo, comunidade, aglomeração, multidão, tumulto, tropas, bando, companhia, legião, exército. Convocação, acompanhamento, mistura, mescla, liga, amálgama. Contrato, convenção, pacto, tratado.

É representada por *quatro bastões* que formam um quadrado. Esse arcano pressagia a realização de projetos, bem como empresas sérias e estáveis. (AOR)

Na posição invertida
Prosperidade, aumento, acréscimo, avanço, sucesso, êxito, felicidade, florescimento. Beleza, embelezamento.

TRÊS DE BASTÕES
33
SOCIEDADE

Na posição correta
No que se refere à medicina da mente, esta lâmina significa empresa, empreender, começar. Usurpar, apoderar-se. Audácia, temeridade, ousadia. Imprudência, empreendedor, ousado, temerário, audacioso. Iniciado, envergonhado. Desconcertado, inerte, esforço, tentativa, tentação.

É representada por *três bastões* dispostos em triângulo. Esse arcano indica êxito nas iniciativas, inovações felizes e espírito de invenção. (AOR)

Na posição invertida
Interrupção da infelicidade, dos tormentos, do sofrimento, do trabalho. Fim, cessação, descontinuação, descanso, repouso, influência, intermediário, intermitência.

DOIS DE BASTÕES
34
TRISTEZA

Na posição correta
No que se refere à medicina da mente, esta lâmina significa tristeza, melancolia, aflição, dissabor, dor, desolação, mortificação, humor, desentendimento, emanações, ideias sombrias. Amargura, cólera, ressentimento.

É representada por *dois bastões* que formam uma cruz em X. Esse arcano significa divisão das ações e obstáculos imprevistos. (AOR)

Na posição invertida
Surpresa, encantamento, choque, perturbação, acontecimento imprevisto, fato inesperado, susto, emoção, temor, pavor, terror. Consternação, espanto, dominação, arrebatamento, alarme. Maravilha, fenômeno, milagre.

ÁS DE BASTÕES
35
NASCIMENTO

Na posição correta
No que se refere à medicina da mente, esta lâmina significa nascimento, começo. Natividade, origem, criação. Fonte, princípio, primado, novidade. Estirpe, raça, família, condição, casa, linhagem, posteridade, ocasião, causa, razão, primeiro, primícias.

Na posição invertida
Queda, cascata, decadência, declínio, perecimento, diminuição, dissipação, falência, bancarrota, ruína, destruição, demolição, dano, devastação. Falha, erro, desprezo, abatimento, desânimo, desencorajamento. Perdição, abismo, precipício. Perecer, cair, decair, derrogar. Profundidade.

Quando seguida do Ás de Denários ou do Sete de Bastões, indica lucro, grande êxito nos negócios, entrada de dinheiro e prosperidade no comércio. É representada por uma mão segurando *um bastão*. Esse arcano indica inteligência criadora, trabalhos úteis, êxito, ações que trazem sucesso. (AOR)

REI DE COPAS
36
HOMEM LOURO

Na posição correta

No que se refere à medicina da mente, esta lâmina significa homem louro, honesto; probidade, equidade, arte, ciência.

Esse arcano indica amizade sincera, benevolência de um homem poderoso. Para uma mulher, indica casamento rico e com pessoa de alta posição. (AOR)

Na posição invertida

Homem bem posicionado, distinto, honesto. Homem desonesto. Extorsão, peculato, injustiça, bandido, ladrão, canalha. Vício, corrupção, escândalo.

DAMA DE COPAS
37
MULHER LOURA

Na posição correta

No que se refere à medicina da mente, esta lâmina significa mulher loura, honesta. Virtude, sabedoria, honestidade.

Na posição invertida

Mulher distinta, honesta. Vício, desonestidade, depravação, libertinagem, corrupção, escândalo.

CAVALEIRO DE COPAS
38
CHEGADA

Na posição correta

No que se refere à medicina da mente, esta lâmina significa chegada, vinda, abordagem, acolhimento, acesso. Conformidade. Advento, aproximação. Admissão. Afluência. Comparação.

Na posição invertida

Fraude, perversidade, enganação, astúcia, artifício. Perspicácia, habilidade, agilidade, trapaça. Sutileza, irregularidade. Maldade.

Esse arcano indica rivalidade no amor, lutas por causa de uma mulher; casamento atrasado, adultério perigoso. (AOR)

VALETE DE COPAS
39
RAPAZ LOURO

Na posição correta

No que se refere à medicina da mente, esta lâmina significa rapaz louro, estudioso. Estudo, aplicação, trabalho, reflexão, observação, consideração, meditação, contemplação, ocupação. Ofício, profissão, emprego.

Na posição invertida

Tendência, declive, propensão, inclinação, atração, gosto, simpatia, paixão, afeição, ligação, amizade. Coração, vontade, desejo, atração, engajamento, sedução, convite, aprovação. Lisonja, bajulação, adulação, elogio. Predisposição para a ruína e para o fim.

DEZ DE COPAS
40
A CIDADE

Na posição correta

No que se refere à medicina da mente, esta lâmina significa cidade, pátria, país, burgo, vilarejo, local, morada, habitação, residência. Cidadão, burguês, habitante da cidade.

Na posição invertida

Ira, indignação, agitação, irritação, exaltação, cólera, violência.

NOVE DE COPAS
41
VITÓRIA

Na posição correta
No que se refere à medicina da mente, esta lâmina significa vitória, sucesso, êxito, vantagem, ganho. Pompa, triunfo, troféu, supremacia, superioridade. Espetáculo, aparelho, parafernália.

Na posição invertida
Sinceridade, verdade, realidade, lealdade, boa-fé, franqueza, ingenuidade, candura, coração aberto, simplicidade. Liberdade, ciência, familiaridade, ousadia, descontração, libertinagem.

OITO DE COPAS
42
MOÇA LOURA

Na posição correta
No que se refere à medicina da mente, esta lâmina significa moça loura, honesta, prática; honra, pudor, modéstia, moderação, timidez, temor, apreensão, afetuosidade, aprovação.

Na posição invertida
Satisfação, felicidade, contentamento, alegria, regozijo, divertimento, festa. Desculpa, reparação, perdão. Alegria pública, espetáculo, aparelho, preparação, preparativo, disposição.

SETE DE COPAS
43
O PENSAMENTO

Na posição correta
No que se refere à medicina da mente, esta lâmina significa pensamento, alma, mente, inteligência, ideia, memória, imaginação, entendimento, concepção, meditação, contemplação, reflexão, deliberação, ponto de vista, opinião, sentimento.

Na posição invertida
Projeto, desenho, intenção, desejo, vontade, resolução, determinação, premeditação.

SEIS DE COPAS
44
O PASSADO

Na posição correta
No que se refere à medicina da mente, esta lâmina significa passado, pretérito, murcho, sem viço. Antigamente, anteriormente, outrora. Velhice, decrepitude, antiguidade.

Na posição invertida
Futuro. Após, em seguida, posteriormente, ulteriormente. Regeneração, ressurreição. Reprodução, renovação, reiteração.

CINCO DE COPAS
45
HERANÇA

Na posição correta
No que se refere à medicina da mente, esta lâmina significa herança, sucessão, legado, doação, dote, patrimônio, transmissão, testamento. Tradição, resolução. Cabala.

Na posição invertida
Consanguinidade, sangue, família, antepassados, ancestrais, pai, mãe, irmão, irmã, tio, tia, primo, prima. Filiação, estirpe, raça, linhagem, aliança. Afinidade, conhecidos, relação, contatos.

QUATRO DE COPAS
46
ENFADO

Na posição correta
No que se refere à medicina da mente, esta lâmina significa enfado, dissabor, descontentamento, desgosto, aversão, inimizade, ódio, horror, inquietação, sofrimento psíquico, leve tristeza, aflição, penoso, incômodo, desagradável. Entristecedor, aflitivo.

Na posição invertida
Nova instrução, nova luz. Indício, indicação, conjectura. Augúrio, presságio. Pressentimentos, prognóstico, previsão, novidade.

TRÊS DE COPAS
47
ÊXITO

Na posição correta
No que se refere à medicina da mente, esta lâmina significa êxito, ciência, bom resultado, bom desfecho, vitória. Cura, tratamento, alívio, realização, perfeição.

Na posição invertida
Expedição, despacho, execução, cumprimento, fim, conclusão, término, realização.

DOIS DE COPAS
48
AMOR

Na posição correta
No que se refere à medicina da mente, esta lâmina significa amor, paixão, inclinação, simpatia, atratividade, propensão, amizade, benevolência, afeição, apego, gosto, ligação, amabilidade, atração, afinidade.

Na posição invertida
Desejo, anseio, vontade, cobiça, cupidez, concupiscência, ciúme, paixão, ilusão, apetite.

ÁS DE COPAS
49
MESA

Na posição correta
No que se refere à medicina da mente, esta lâmina significa mesa, refeição, festim, gala, deleite, alimento, nutrição. Convivas, serviços. Convite, oração, súplica, convocação. Anfitrião, hotel, hotelaria, hospedaria. Abundância, fertilidade, produção, solidez, estabilidade, fixidez, constância, perseverança, continuação, duração, sequência, assiduidade, persistência, firmeza, coragem. Quadro, pintura, imagem, hieróglifo, descrição. Tabuletas, carteira, escrivaninha. Mesa com elementos da natureza, mesa de bronze, de mármore, lei. Catálogo, sumário. Caixa acústica, mesa de jardim, Santa Mesa.

Na posição invertida
Mutação, permutação, transmutação, alteração, vicissitude, variedades, variação, inconstância, leviandade. Troca, permuta, compra, venda, mercado, tratado, convenção. Metamorfose, diversidade, versatilidade. Inversão, perturbação, revolução, reversão. Versão, tradução, interpretação.

REI DE ESPADAS
50
HOMEM DE TOGA

Na posição correta
No que se refere à medicina da mente, esta lâmina significa homem de toga, homem da lei, juiz, conselheiro, assessor, senador, homem de negócios, profissional, advogado, procurador, doutor, médico. Jurista, jurisprudência. Demandante, jurisconsulto.

Na posição invertida
Mal-intencionado, maldade, perversidade, perfídia, crime, crueldade, atrocidade, desumanidade.

DAMA DE ESPADAS
51
VIUVEZ

Na posição correta
No que se refere à medicina da mente, esta lâmina significa viuvez, privação, ausência, carestia, esterilidade, indigência, pobreza. Vazio, vago, desocupado, inativo, ocioso, livre.

Na posição invertida
Mulher má. Malignidade, malícia, astúcia, sutileza, artifício, travessura, fanatismo, pudor, hipocrisia.

CAVALEIRO DE ESPADAS
52
MILITAR

Na posição correta
No que se refere à medicina da mente, esta lâmina significa militar, esgrimista, homem de armas, mestre de esgrima, espadachim. Soldado de todos os batalhões

e de todas as armas. Combatente, inimigo. Disputa, guerra, combate, batalha, duelo. Ataque, defesa, oposição, resistência, destruição, ruína, reviravolta. Inimizade, ódio, cólera, ressentimento. Coragem, valor, bravura. Dependente, mercenário.

Na posição invertida
Imperícia, inépcia, tolice, bobagem, estupidez, imprudência, impertinência, extravagância, ridículo, burrice. Fraude, roubo, trapaça, engenhosidade.

VALETE DE ESPADAS
53
VIGILANTE

Na posição correta
No que se refere à medicina da mente, esta lâmina significa espião, curioso, observador, inquisidor, amador, vigilante, intendente. Exame, nota, observação, anotação, especulação, conta, cálculo, estimativa. Erudito, artista.

Na posição invertida
Imprevisto, repentino, subitamente, de repente. Espantoso, surpreendente, inesperadamente. Improvisar, agir e falar sem preparação, compor e recitar de improviso.

DEZ DE ESPADAS
54
AFLIÇÃO

Na posição correta
No que se refere à medicina da mente, esta lâmina significa choro, lágrimas, soluços, gemidos, suspiros, queixas, lamentações, reclamações, indisposições, tristeza, dor, lamúrias, lai (poema medieval), desolação.

Na posição invertida
Vantagem, ganho, lucro, sucesso. Graça, favor, benefício. Ascendente, poder, império, autoridade, usurpação.

NOVE DE ESPADAS
55
SOLTEIRO

Na posição correta
No que se refere à medicina da mente, esta lâmina significa solteiro, celibato, virgindade, abade, padre, monge, eremita, religioso, religiosa. Templo, igreja, monastério, convento, retiro, santuário. Culto, religião, piedade, devoção, rito, cerimônia, ritual. Recluso, reclusa, anacoreta, vestal.

Na posição invertida
Desconfiança justa, suspeita fundamentada, temor legítimo, dúvida, conjectura. Escrúpulo, consciência temerosa, pureza, timidez, pudor. Vergonha.

OITO DE ESPADAS
56
CRÍTICA

Na posição correta
No que se refere à medicina da mente, esta lâmina significa crítica, posição incômoda, momento crítico, tempo crítico, instante decisivo, situação infeliz, circunstância delicada, crise. Exame, discussão, pesquisas, condenação, censura, comentário, epílogo, controle, desaprovação, condenação, cassação, julgamento, desprezo.

Na posição invertida
Incidente, dificuldade, circunstância particular, conjunção, acontecimento, acessório, inconsciente, obstáculo, atraso, retardamento. Abjeção. Contestação, contradição, oposição, resistência, chicana. Inopinado, imprevisto, caso fortuito, aventura, circunstância, destino, fatalidade, acidentes, infortúnios, desgraça, sintoma.

SETE DE ESPADAS
57
ESPERANÇA

Na posição correta
No que se refere à medicina da mente, esta lâmina significa esperança, espera, pretender, tomar por base, sobrestimar-se, fundamento, desígnio, vontade, querer, desejo, gosto, fantasia.

Na posição invertida
Opiniões prudentes, bons conselhos, advertências salutares, instrução, lição. Observação, reflexão, pensamento. Reprimenda, crítica. Novidade, anúncio, cartaz. Consulta, admoestação.

SEIS DE ESPADAS
58
ESTRADA

Na posição correta
No que se refere à medicina da mente, esta lâmina significa estrada, alameda, caminho, curso, passagem, trilha, via. Caminhada, trajeto, passo, solicitude, conduta, meio, maneira, modo, expediente, corrida, carreira, passeio, exemplo, traço, vestígio, envio, despachante.

Na posição invertida
Declaração, ato declaratório, desenvolvimento, explicação, interpretação. Carta, Constituição, diploma, lei manifesta, prescrição. Publicação, proclamação, ostensividade, cartaz, publicidade, autenticidade, notoriedade. Denúncia, contagem. Enumeração. Conhecimento, descoberta, revelação, visão, aparição, aparência, declaração, confissão, protesto, aprovação, autorização.

CINCO DE ESPADAS
59
PERDA

Na posição correta

No que se refere à medicina da mente, essa lâmina significa perda, alteração, descarte, degradação, redução, perecimento, destruição, deterioração, detrimento, diminuição, danos, fracassos, prejuízo, defeito, erro, avareza, decadência dos negócios, estragos, desvantagem, devastação, dilapidação, dissipação, infortúnio, males, inversão, revés, ruína, derrota. Depravação, vergonha, difamação, desonra, infâmia, ignomínia, afronta, feiura, deformidade, humilhação. Roubo, furto, rapto, plágio, sequestro, hediondo, horrível. Opróbrio, corrupção, desordem, sedução, libertinagem.

Na posição invertida

Luto, abatimento, indisposição, tristeza, dor, sofrimento psíquico, funeral, enterro, cerimônia fúnebre, sepultamento, sepultura.

QUATRO DE ESPADAS
60
SOLIDÃO

Na posição correta

No que se refere à medicina da mente, esta lâmina significa solidão, deserto, retiro. Exílio, banimento, proscrição. Inabitado, isolado, abandonado, negligenciado. Túmulo, sepulcro, caixão.

Na posição invertida

Economia, boa conduta, gestão prudente. Previdência, direção, administração, poupança, avareza. Ordem, organização, relação, conveniência, entendimento, acordo, concordância, harmonia, música, disposição. Testamento. Reserva, restrição, exceção. Circunspeção, circunscrição, ponderação, sabedoria, simpatia, prudência, precaução.

TRÊS DE ESPADAS
61
DISTANCIAMENTO

Na posição correta
No que se refere à medicina da mente, esta lâmina significa distanciamento, partida, ausência, afastamento, dispersão, longe, atraso. Desdém, repugnância, aversão, ódio, desgosto, horror. Incompatibilidade, contrariedade, oposição, insociabilidade, misantropia, incivilidade. Separação, divisão, ruptura, antipatia, seção, corte.

Na posição invertida
Desorientação, demência, divagação, alienação, distração, loucura. Erro, decepção, perda, desvio, afastamento, dispersão.

DOIS DE ESPADAS
62
AMIZADE

Na posição correta
No que se refere à medicina da mente, esta lâmina significa amizade, apego, afeição, ternura, benevolência, relação, identidade, intimidade, conveniência, correspondência, interesse, conformidade, simpatia, afinidade, atração.

Na posição invertida
Falso, falsidade, mentira, impostura, duplicidade, má-fé, fraude, dissimulação, astúcia, enganação, superficial, superfície.

ÁS DE ESPADAS
63
FRUTIFICAÇÃO

Na posição correta
No que se refere à medicina da mente, esta lâmina significa extremo, grande, excessivo. Escandalizado, furioso, indignado. Extremamente, apaixonadamente, excessivamente. Veemência, animosidade, exaltação, indignação, cólera, furor, raiva. Extremidade, limites, confins, fim. Último suspiro, última extremidade. Desentendimento.

Na posição invertida
Gravidez, germe, semente, esperma, matéria, gestação, criação, concepção, frutificação. Parto. Fecundação, produção, composição. Aumento, multiplicidade.

REI DE DENÁRIOS
64
HOMEM MORENO

Na posição correta
No que se refere à medicina da mente, esta lâmina significa homem moreno, comerciante, negociante, banqueiro, corretor da bolsa, calculador, especulador. Física, geometria, matemática, ciência. Mestre, professor.

Na posição invertida
Vício, defeito, fraqueza, deformação, conformação, defeituoso, natureza informe. Desordem, feiura, deformidades. Corrupção. Mau cheiro.

DAMA DE DENÁRIOS
65
MULHER MORENA

Na posição correta
No que se refere à medicina da mente, esta lâmina significa mulher morena. Opulência, riqueza, fausto, luxo, suntuosidade. Garantia, segurança, confiança, certeza, afirmação. Segurança, ousadia, liberdade, franqueza.

Na posição invertida
Mal certo, duvidoso, incerto, dúvida, indecisão, incerteza. Medo, temor, susto, timidez, apreensão, vacilação, hesitação. Indeterminado, indeciso, perplexo, em suspenso.

CAVALEIRO DE DENÁRIOS
66
UTILIDADE

Na posição correta
No que se refere à medicina da mente, esta lâmina significa útil, vantagem, ganho, lucro, interesse. Aproveitável, interessante, vantajoso, importante, necessário, solícito, prestativo.

Na posição invertida
Paz, tranquilidade, repouso, sono, apatia, inércia. Estagnação, inatividade, ociosidade. Lazer, passatempo. Recreação, despreocupação, indolência, preguiça, ócio, letargia, desânimo, aniquilamento.

VALETE DE DENÁRIOS
67
RAPAZ MORENO

Na posição correta
No que se refere à medicina da mente, esta lâmina significa rapaz moreno, estudo, instrução, aplicação, meditação, reflexão. Trabalho, ocupação, aprendizagem. Estudante, discípulo, aluno, aprendiz, amador, especulador, negociante.

Na posição invertida
Profissão, algo supérfluo, prodigalidade, luxo, suntuosidade, magnificência, abundância, multiplicidade. Liberalidade, benefício, generosidade, beneficência. Multidão. Degradação, dilapidação, pilhagem, dissipação.

DEZ DE DENÁRIOS
68
A CASA

Na posição correta
No que se refere à medicina da mente, esta lâmina significa casa, lar, economia, poupança. Residência, domicílio, habitação, solar, regimento, edifício, navio, vaso. Arquivo, castelo, cabana. Família, estirpe, raça, posteridade. Antro, caverna, refúgio.

Na posição invertida
Prêmio de loteria, fortuna, jogo, caso fortuito, acaso, ignorância, sorte, destino, fatalidade. Ocasião feliz ou infeliz.

NOVE DE DENÁRIOS
69
EFEITO

Na posição correta
No que se refere à medicina da mente, esta lâmina significa efeito, realização, positivo, cumprimento, êxito.

Na posição invertida
Engano, trapaça, decepção, promessas sem efeito, esperanças vãs, projetos interrompidos.

OITO DE DENÁRIOS
70
MOÇA MORENA

Na posição correta
No que se refere à medicina da mente, esta lâmina significa moça morena, passivo, grande noite.

Na posição invertida
Aspiração do vazio, avareza, usura.

SETE DE DENÁRIOS
71
DINHEIRO

Na posição correta
No que se refere à medicina da mente, esta lâmina significa dinheiro, riqueza, quantia, moeda. Prataria. Brancura, paridade, candura, inocência, ingenuidade, lua. Purgação, purificação.

Na posição invertida
Inquietação, tormento mental, impaciência, aflição, tristeza, preocupação, solicitude, cuidado, atenção, diligência, aplicação. Apreensão, temor, desconfiança, suspeita.

SEIS DE DENÁRIOS
72
O PRESENTE

Na posição correta
No que se refere à medicina da mente, esta lâmina significa atualmente, no momento presente, agora, imediatamente, repentinamente, neste momento, nesta hora, hoje. Espectador, testemunha, contemporâneo. Atento, cuidadoso, vigilante.

Na posição invertida
Desejo, ardor, diligência, paixão, buscas, cupidez, inveja, ciúme, ilusão.

CINCO DE DENÁRIOS
73
AMANTE

Na posição correta
No que se refere à medicina da mente, esta lâmina significa amante, amoroso, galante, marido, mulher, esposo, esposa, amigo, amiga. Amador, amante. Amar, querer bem, adorar. Combinação, acordo, conveniência, decência, compostura.

Na posição invertida
Desordenado, contraordem. Má conduta, desordem, perturbação, confusão, caos. Estrago, devastação, ruína. Dissipação, definhamento. Devassidão, libertinagem. Discórdia, desarmonia, discordância.

QUATRO DE DENÁRIOS
74
BENEFÍCIO

Na posição correta
No que se refere à medicina da mente, esta lâmina significa presente, generosidade, benefício, liberalidade, gratificação, graça, oferenda, dom, favor. Cor branca, medicina lunar, pedra branca.

Na posição invertida
Cercado, circuito, circunvolução, circunscrição, circunferência, círculo, circulação. Interceptar, obstrução, congestionamento, monopolização, claustro, monastério, convento. Decidido, estabelecido, determinado, definitivo, extremidade, limites, termos, fim, barreira, divisória, muralha, sebe, parede. Obstáculos, barras, impedimento, suspensão, atraso, oposição.

TRÊS DE DENÁRIOS
75
IMPORTANTE

Na posição correta
No que se refere à medicina da mente, esta lâmina significa nobre, considerável, célebre, importante, grande, significativo, extensão, vasto, sublime, renomado, famoso, poderoso, elevado, ilustre. Ilustração, consideração, grandeza de alma, nobreza na forma de proceder, ações generosas, magnificamente, esplendidamente.

Na posição invertida
Puerilidade, infância, infantilidade, frivolidade. Enfraquecimento, redução, diminuição, gentileza, escassez, mediocridade, minúcia, bagatela, baixeza, covardia, rebento, pequeno, pueril, franzino, baixo, servil, vil, abjeto, humilde. Abjeção, humildade, humilhação.

DOIS DE DENÁRIOS
76
CONSTRANGIMENTO

Na posição correta
No que se refere à medicina da mente, esta lâmina significa constrangimento, obstáculo, engajamento, obstrução, percalço. Perturbação, dificuldade, emoção, imbróglio, confusão, impedimento, complicação, obscuridade. Agitação, inquietação, perplexidade, solicitude.

Na posição invertida
Bilhete, escrito, escritura, texto, literatura, doutrina, erudição, obra, livro, produção, composição. Despacho, epístola, missiva. Caráter. Sentido literal. Alfabeto, elementos, princípios, letra de câmbio.

ÁS DE DENÁRIOS
77
SATISFAÇÃO PLENA

Na posição correta
No que se refere à medicina da mente, esta lâmina significa satisfação plena, felicidade, arrebatamento, encantamento, êxtase, maravilha, alegria completa, prazer indizível, cor vermelha. Medicina perfeita, medicina solar, pura, realizada.

Na posição invertida
Quantia, capital, principal. Tesouro, riquezas, opulência. Raro, caro, precioso, inestimável.

(0 DOS ARCANOS MAIORES)[27]
78
LOUCURA

Na posição correta
No que se refere à medicina da mente, esta lâmina significa loucura, demência, extravagância, insensatez, desorientação, embriaguez, delírio, frenesi, tara, fúria, exaltação. Entusiasmo. Cegueira, ignorância. Louco, insensato, irracional, inocente, simples, tolo.

Na posição invertida
Imbecilidade, inépcia, descuido, burrice, imprudência, negligência, ausência, distração. Apatia, desfalecimento, aniquilamento, sono, nada, nulidade, vazio. "Despropósito" ou "inutilidade".

---

27. Papus alterou a numeração dos Arcanos Menores de maneira que O Louco também fosse o último arcano de todos (sendo ele tanto o 0 quanto o 78), de acordo com o baralho de Etteilla. Antonio Olívio Rodrigues não replicou essas noções que Papus tomou de Etteilla, pois sabiamente quis simplificar o processo, tanto no manual quanto nas cartas, desde a primeira edição. (N. do RT.)

Prancha colorida de Basan do esquema completo do tarô de Etteilla, por Pierre-François Basan, sob o título *Livre de Thot ou Collection précieuse des tableaux de la Doctrine de Mercure dans laquelle se trouve le chemin royal de la vie humaine*, de 1788. Cartas recortadas, aquareladas e coladas em folha. Biblioteca Nacional da França.

Disponível em: https://gallica.bnf.fr/ark:/12148/btv1b53167640p

Capítulo VII

Conclusão Geral – Pesquisas e Documentos Históricos – Etteilla – Éliphas Lévi – Paul Christian – Papus – O Tarô Filosófico

Mestres venerados, antigos iniciadores do tarô egípcio, colocastes o Mago, criador de truques que diverte as multidões, no início de vosso livro sobre a ciência eterna.

O tarô se apresenta tal como antigamente se dava ao iniciado um escaravelho de cerâmica que, ao se abrir por um mecanismo secreto, mostrava os 12 deuses do Olimpo esculpidos em ouro e marfim.

A todos os orgulhosos e pedantes que, ao pressentirem os ensinamentos da alta ciência, desprezam os ensinamentos do destino, o Mago se apresenta e diz: "Vede meus recipientes em forma de taças, vede minha vareta, minha espada e meus talismãs. Entretenho as multidões e instruo os sábios. Ninguém aprende sem diversão".

Por essa razão, mestres venerados, minha intenção foi descrever o tarô do Mago, o tarô da cartomante, o livro admirável da mercadora de esperanças antes de abordar o caminho já indicado por Guilherme Postel e por Raimundo Lúlio, pelo douto Éliphas Lévi e pelo instintivo Etteilla, e antes de combinar as lâminas do tarô, tendo em vista os ensinamentos filosóficos e religiosos. Na natureza, tudo está interligado, e, se o Mago que abre o livro está cercado de instrumentos físicos de magia, a verdade que encerra este livro se desloca entre os quatro símbolos das forças vivas em ação em todos os planos. Desse modo, o tarô filosófico é o fim e o complemento do tarô adivinhatório, que é sua introdução.

Por isso, mestres venerados, aquele cuja obra se originou de vossos ensinamentos dedica seu modesto trabalho à vossa memória e pede que abençoeis os que o compreendem e que perdoeis os que o ridicularizam por não o compreenderem.

Os principais autores contemporâneos que se ocuparam do tarô são Etteilla, d'Odoucet, Éliphas Lévi e Christian,[28] para mencionar apenas os escritores anteriores a 1880.

Daremos um panorama das pesquisas realizadas por eles.

Quanto aos escritos de d'Odoucet, basta consultar o Capítulo IV deste livro, no qual seus estudos foram expostos em detalhes.

Etteilla analisou os números do tarô e seus hieróglifos.

Daremos dois exemplos de suas pesquisas sobre o *Livro de Thoth*, do ponto de vista numérico.

A Leitura dos Tarôs

Os ignorantes agem mal em tudo o que fazem. O mesmo não se pode dizer dos homens instruídos. Desse modo, os egípcios usavam o *Livro de Thoth*, que embaralhavam em todos os sentidos sem ver os hieróglifos, e pediam para os consulentes dividi-lo ao meio. Em seguida, tiravam a primeira carta e a colocavam em B, tiravam a segunda e a colocavam em A, e a terceira, em B (aqui, B, A). Dispunham a quarta em B, a quinta em A, a sexta em B, a sétima em B, e assim por diante, de modo que em A houvesse 26 lâminas e, em B, 52.

Com essas 52, recomeçavam a mesma operação (em D, C). Em C depositavam 17 lâminas e, em D, 35. Além disso, colocavam as 17 de lado e, com as 35 restantes, recomeçavam a operação (F, E), deixando onze lâminas em E e 24 em F.

Desse modo, A = 26, B = 0, C = 17, D = 0, E = 11, F = 24. Entretanto, as últimas lâminas não eram interpretadas. (*Vale notar que, a cada operação, é preciso embaralhar as lâminas em posições invertidas e cortar o monte.*)

---

28. Paul Christian (1811-1877), pseudônimo de Jean-Baptiste Pitois, prolífico ocultista francês. (N. do RT.)

Assim, partindo de A, eles liam o que cada lâmina anunciava (*da direita para a esquerda, sendo que o sentido se deve inteiramente às suas partes*) e, em seguida, tiravam a primeira e a liam com a vigésima sexta. Ao final de A, interpretavam C e, por fim, E.

Em *Cartomancie* (3ª edição, 1782), Etteilla apresenta todo o processo, embora essa obra não passe de uma cópia do que já fora feito pelos egípcios. Do mesmo modo, a esteganografia de Johannes Trithemius e a teoria de Raimundo Lúlio também são cópias do *Livro de Thoth* ou, em linguagem mais acessível, das cartas nomeadas "tarôs".

Sua segunda operação consistia em tirar três vezes sete lâminas, dispostas da seguinte forma:

```
7.  6.  5.  4.  3.  2.  1.  A.
7.  6.  5.  4.  3.  2.  1.  B.
7.  6.  5.  4.  3.  2.  1.  C.
```

Se A não respondesse às suas perguntas, eles retiravam do monte mais sete lâminas: 7. 6. 5. 4. 3. 2. 1. A. Se mais uma vez não obtivessem uma resposta ou não encontrassem uma solução nem prognósticos afirmativos, retiravam mais sete: 7. 6. 5. 4. 3. 2. 1. A. até chegar a C. Caso essas repetições não dessem resultado, eles pediam aos consulentes que se dirigissem aos deuses, mudassem de conduta e, por fim, voltassem no dia seguinte ou alguns dias depois.

A terceira operação era *considerável* e a ser estudada. Depois de embaralharem e cortarem o monte de 78 lâminas, formavam duas colunas e um capitel, que colocavam no alto das duas colunas. Em seguida, sem embaralhar as lâminas, formavam um círculo, observando para que pudessem retirar o 1 ou o 8, conforme o sexo de quem os consultava.

Quando um desses dois números saía, colocavam esse primeiro ou oitavo hieróglifo no centro, como vemos na figura a seguir.

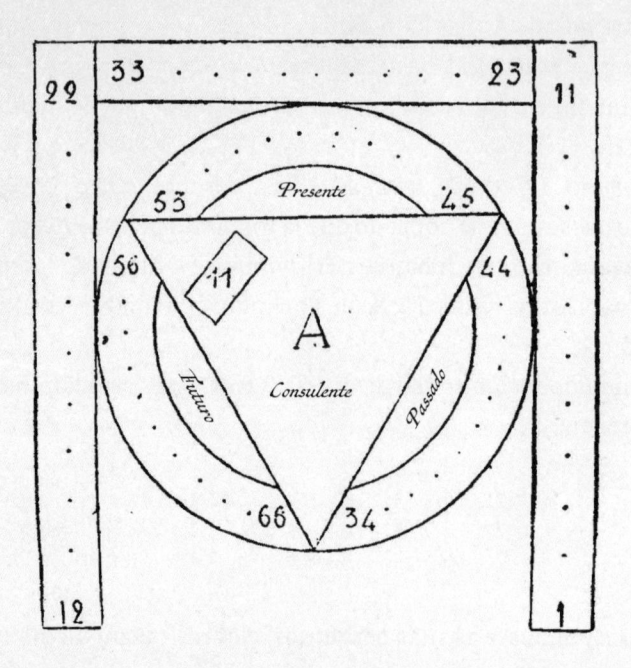

Ver também, na p. 35, a figura extraída do livro de Etteilla (Amsterdã, 1783).

A primeira carta retirada era colocada em 1, e assim por diante, até 11. Dispunham a décima segunda carta no número 12 e assim procediam com as outras até 22.

Os números 1, 11, 34 e 44 representavam o passado; os números 12, 22, 45 e 55, o futuro; e os números 23, 33, 56 e 66, o presente.

Se 1 ou 8, de acordo com o sexo do consulente, não tivesse passado, eles o pegavam no restante do jogo e colocavam o hieróglifo necessário no centro, tal como vemos em 8. Supõe-se que essa tiragem fosse para uma mulher, pois o número 1 seria para um homem; tanto é verdade que a distância entre o homem e a mulher é de sete graus. Isso levou Maomé a cometer um erro ao dizer que as mulheres são *húris*[29] que não entrarão no Paraíso, mas guardarão sua porta. Maomé não teria compreendido que esses sete graus de distinção existiam apenas no mundo físico.

---

29. No islamismo, virgens destinadas aos fiéis no Paraíso. (N. da T.)

Os egípcios explicavam todas as divisões, uma após a outra, a começar pelo passado, depois o presente e, por fim, o futuro. Portanto, para o passado, escolhiam os números 8, 34 e 1 e seguiam esse procedimento até 8, 44 e 11, fazendo o mesmo com o presente e o futuro. É necessário ler Etteilla para compreender a maneira de explicar essa tiragem de três cartas, empregando sempre a do meio.

Às vezes, os sábios egípcios iniciavam suas operações com 12 lâminas, mas sempre o faziam por questões importantes, como as colheitas, as decisões, as batalhas, ou para os soberanos da nação, os estrangeiros ou seus mandantes. No entanto, além das três operações explicitadas anteriormente, eles utilizavam uma quarta ou, ainda, uma quinta e uma sexta, se assim desejassem, ou de acordo com os números. Exemplo: ao virarem as cartas, se vissem um número bem ou mal colocado entre os outros, eles o marcavam e, depois da tiragem, escolhiam tantas lâminas quanto a indicação do número bem ou mal colocado.

Caso um homem tivesse apenas uma pergunta a fazer e ela fosse correta (pois eram inimigos de tudo o que fosse vicioso ou pudesse levar a sê-lo), tiravam apenas cinco lâminas (e, d, c, b, a), sempre indo de *a* a *e*. Se isso não respondesse à pergunta, tiravam mais dez lâminas e as organizavam da seguinte forma:

5.	4.	3.	2.	1.
E.	D.	C.	B.	A.
10.	9.	8.	7.	6.

Em seguida, explicavam-nas de 1 a 5, de A a E e de 6 a 10. Como já dito, se essas dez lâminas ainda não dessem a resposta, pediam que os consulentes retornassem outro dia e lhes pediam que adorassem cada vez mais os deuses e amassem os semelhantes.

Eu poderia dividir todo o *Livro de Thoth* em 1, 2, 3, 5, 6 e 7 livros por uma infinidade de cálculos, cujo alfabeto resultante me indicaria a fórmula e todas as chaves. Entretanto, apresento a seguir uma tabela que colocará no caminho certo aqueles que queiram interpretar a fundo o *Livro de Thoth*.

No primeiro aspecto, vemos que a unidade 1 se refere a 10, 2 a 13, 3 a 16, 4 a 12, 5 a 8, 6 a 11 e 7 a 14.

Em todos esses números reinam a ordem, a harmonia e a concordância máxima, ora porque concordam entre si, ora porque o agente está atento ao paciente, tal como 6 em 11. Porém, de modo geral, convém dizer que há sete tons ou sete graus distintos nas sete cadeias do alfabeto e das fórmulas. O número 2, centro da fórmula, refere-se ao 13. De acordo com os filósofos, esse número era fraco e menor que os sete que o seguem, embora 2 lhes confira fluidez, movimento e as ordens da unidade. Ele é o ministro zeloso do 1 e o fiel amigo do 3, que é o soberano dos números, sem incluir a unidade. Por fim, o 2 é o segundo divisor do número perfeito 6 e compete com o 3. O número 6 dá o sinal do pecado, como seu contrário em certo sentido, pois, nesse caso, o pecado é tomado como fraqueza. Como íntimo de 2, ele suporta o peso de 13, do qual 2 é a carga ou a guarda. Não que esse peso seja contra a sábia natureza, mas é penoso, pois a morte é uma perfeição, embora também seja, como não se pode deixar de dizer, um dos maiores sinais de fraqueza. Contudo, apenas a perfeição tende à regeneração, tal como entendido por Pitágoras.

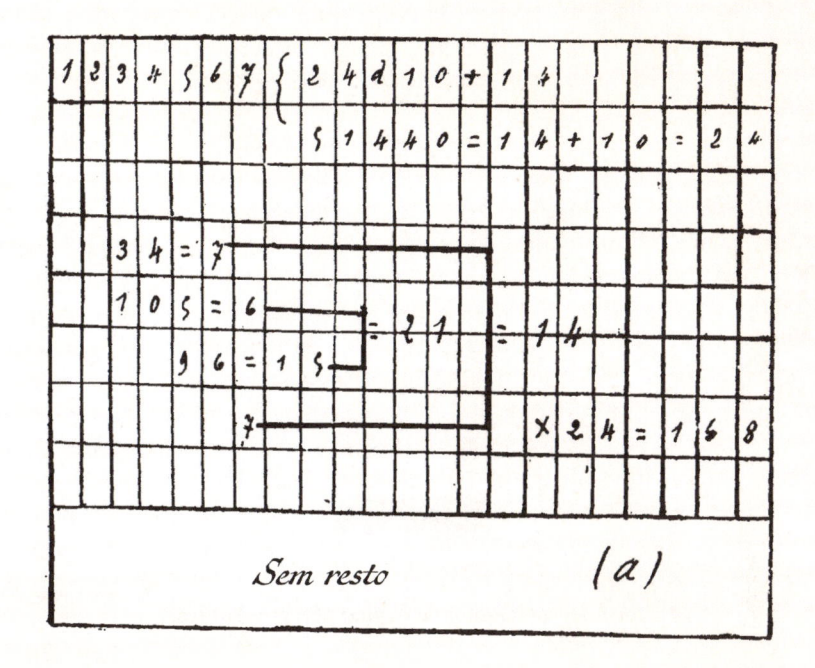

```
1 2 3 4 5 6 7 { 2 4 d 10 + 1 4
              5 1 4 4 0 = 1 4 + 1 0 = 2 4

   3 4 = 7 ┐
   1 0 5 = 6 │
       9 6 = 1 5 ┘ = 21 = 14
           7 ┘
                           × 2 4 = 1 6 8
```

Sem resto   (a)

    Estendi-me demais e creio que me criticarão por eu não ter me atido ao tema. Defendo-me dizendo que tudo o que foi apresentado é pertinente à questão, e, antes de continuar, é oportuno tratar dos sábios egípcios que nos forneceram a matéria.

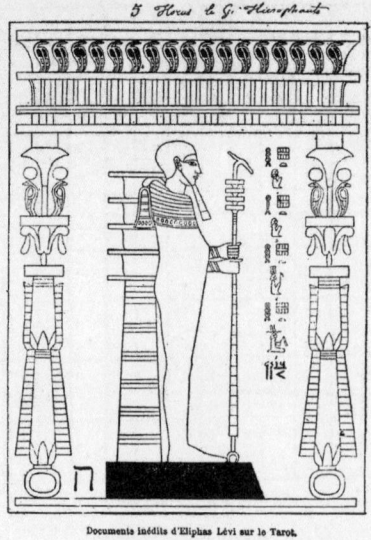

Documentos inéditos de Éliphas Lévi sobre o tarô.

Documentos inéditos de Éliphas Lévi sobre o tarô.
(A nota manuscrita é de autoria de Éliphas Lévi.)

Éliphas Lévi

Éliphas Lévi é um dos escritores que mais estudaram o tarô em todos os aspectos.

Temos muitos manuscritos desse autor e ofereceremos aos leitores algumas peças raras.[30]

Tarô indiano (documento de Éliphas Lévi).

---

30. As ilustrações a seguir, que Papus alega ter acolhido entre os papéis de Éliphas Lévi, após sua morte, são, na verdade, gravuras sobre as encarnações do deus Vishnu. Elas foram redesenhadas com base nas pranchas de um dos tomos da obra *Cérémonies et coutumes religieuses de tous les peuples du monde* (Cerimônias e costumes religiosos de todos os povos do mundo), do gravador francês Bernard Picart, publicada em Amsterdã, em 1723. Esse conjunto de Picart, por sua vez, parece ter sido copiado das ilustrações do livro *China illustrata*, do polímata alemão Athanasius Kircher, de 1667. É importante frisar que não há qualquer relação entre essas imagens e o tarô em si; também não há indícios de quaisquer teorias de Lévi sobre um maço indiano de cartas. E, ainda que sejam desconhecidos os motivos de Papus para considerar um tarô essas imagens hindus, levam-se em conta, as declarações publicadas em sua obra anterior, *O Tarô dos Boêmios* (1889), de que os indianos possuem uma série de jogos derivados do tarô. Elas parecem ter influenciado Bourgeat, que em *La Magie* (1895), também sustenta uma origem indiana do oráculo. (N. do RT).

Tarot Indien.

Tarô indiano.

Tarot Indien.

Tarô indiano.

Tarot Indien.

Tarô indiano.

(Tarot Indien).

Tarô indiano.

Obras de Paul Christian

Em seu livro *L'Homme Rouge des Tuileries* (O Homem Vermelho das Tulherias), depois em *Histoire de la Magie* (História da Magia), Christian curiosamente aplica o tarô à Astrologia onomatomântica.[31]

Cada Arcano Maior do tarô é objeto de estudo cuidadoso e útil a todo pesquisador que queira aprofundar a filosofia do tarô.

Desse modo, parece-nos necessário lembrar os estudos de Christian sobre os Arcanos Maiores.[32]

O Livro de Hermes[33]

Significado dos 22 Arcanos Maiores

ARCANO I – O MAGO

Esta lâmina significa habilidade, diplomacia, astúcia, vontade, energia, poder. (AOR)

No *mundo divino*, exprime o ser absoluto, do qual emana uma infinidade de possibilidades. No *mundo intelectual*, a unidade, princípio dos atos. No *mundo*

---

31. Do grego "onomatomanteía", seria a prática adivinhatória que se vale do nome de uma pessoa e do número de letras que o compõem. (N. do RT.)
32. Os estudos a seguir são baseados nas descrições dos 22 Arcanos Maiores elaboradas por Paul Christian, defensor do pensamento mágico em relação ao tarô. Todo e qualquer detalhe presente nas descrições a seguir que destoam de *O Tarô Adivinhatório* de Papus se justifica por terem sido inspiradas em um baralho ilustrado por Maurice Otto Wegener para o livro de Robert Falconnier: *Les XXII Lames hermétiques du tarot divinatoire: exactement reconstituées d'après les textes sacrés et selon la tradition des mages de l'ancienne Égypte* (As 22 Lâminas Herméticas do Tarô Adivinhatório: Reconstituídas exatamente de acordo com os Textos Sagrados e a Tradição dos Magos do Egito Antigo), de 1896, diretamente inspirado nas teorias de Christian.
33. Esse é o título que muitos autores davam ao tarô. Conforme explica Papus, as descrições dos arcanos a seguir são baseadas no livro de Paul Christian, intitulado "L'Homme Rouge des Tuileries", de 1863. Christian expandiu os breves comentários de Éliphas Lévi a respeito dos 22 Arcanos Maiores, passando-as de simples sequência de imagens a um sistema iniciático, baseado em suas teorias e crenças inabaláveis sobre a origem egípcia das cartas e seus propósitos mágicos. Isso explica o fato de algumas descrições destoarem das imagens do Tarô Adivinhatório, ainda que o sentido se preserve. (N. do RT.)

físico, o homem. De todos os seres convocados a se elevar, o homem é o que detém a posição mais alta nas esferas concêntricas do absoluto, graças à eterna expressão de suas faculdades.

O Arcano I é representado pelo Mago, símbolo do homem perfeito, ou seja, em plena posse de suas faculdades físicas e morais. É retratado em pé: é a atitude da vontade que procederá à ação. Sua roupa é branca, imagem da pureza original ou reconquistada. Seu cinto é uma serpente que morde a própria cauda: o símbolo da eternidade. Sua cabeça é cingida por um círculo dourado: o ouro significa luz, e o círculo representa a circunferência universal na qual gravitam as coisas criadas. A mão direita do Mago segura um cetro dourado, símbolo do comando, e se eleva na direção do céu em sinal de aspiração à ciência, à sabedoria e à força. A mão esquerda aponta o indicador para o chão para significar que a missão do homem perfeito é reinar no mundo material. Esse duplo gesto exprime, ainda, que a vontade humana deve refletir na terra a vontade divina para produzir o bem e impedir o mal. Diante do Mago, sobre uma pedra em forma de cubo, estão dispostos uma taça, uma espada e um siclo, moeda de ouro em cujo centro se encontra gravada uma cruz. A taça significa a mistura das paixões que contribuem para a felicidade ou para a infelicidade, caso sejamos seus senhores ou seus escravos. A espada simboliza o trabalho, a luta que ultrapassa os obstáculos e as provações que a dor nos faz sofrer. O siclo, sinal de valor determinado, representa as aspirações realizadas, as obras cumpridas, a soma de poder conquistado pela perseverança e pela eficácia da vontade. A cruz, selo do infinito e que marca o siclo, exprime a ascensão desse poder nas esferas do futuro.

Lembra-te, filho da Terra, de que o homem, assim como Deus, deve agir sem cessar. Nada querer nem fazer é tão funesto quanto querer e fazer o mal. Se o Mago aparecer entre os signos fatídicos de teu horóscopo, ele anunciará que uma vontade firme e a fé em ti mesmo, guiada pela razão e pelo amor à justiça, te conduzirão ao objetivo que queres alcançar e te preservarão dos perigos do caminho.

ARCANO II – A PAPISA

Esta lâmina significa segredo, mistério, ciência. (AOR)

No *mundo divino*, exprime a consciência do Ser absoluto, que abrange os três termos de toda manifestação: o passado, o presente e o futuro. No *mundo intelectual*, o binário, reflexo da unidade; a ciência, a percepção das coisas visíveis e invisíveis. No *mundo físico*, a mulher, molde do homem, que se une a ele para cumprir um destino idêntico.

O Arcano II é representado por uma mulher sentada no limiar do templo de Ísis, entre duas colunas. A coluna à sua direita é vermelha; essa cor significa o espírito puro e sua luminosa ascensão acima da matéria. A coluna da esquerda é preta e representa a noite dos sobressaltos, o cativeiro do espírito impuro nas ligações com a matéria. A mulher é coroada por uma tiara com uma meia-lua e envolvida por um véu, cujas pregas caem em sua face. No peito, usa a cruz solar, e sobre os joelhos tem um livro aberto, que ela cobre com parte de seu manto. Esse conjunto simbólico personifica a ciência oculta que espera o iniciado no limiar do santuário de Ísis para lhe comunicar os segredos da natureza universal. A cruz solar (análoga ao *lingam* indiano)[34] significa a fecundação da matéria pelo espírito; como selo do infinito, também significa que a ciência provém de Deus e, como sua fonte, não tem limites. O véu que envolve a tiara e cai na face exprime que a verdade se revela em relação a uma curiosidade profana. O livro meio ocultado sob o manto significa que os mistérios se revelam apenas na solidão ao sábio que se recolhe em silêncio na plena e tranquila posse de si mesmo.

Lembra-te, filho da Terra, de que o espírito se ilumina ao buscar Deus com os olhos da vontade. Deus disse: "Faça-se a luz!", e a luz inundou o espaço.

Cabe ao homem dizer: "Que a verdade se manifeste e o bem me aconteça!". E se o homem tiver boa vontade ele verá a verdade resplandecer e, guiado por ela, alcançará todo bem ao qual aspira. Se o Arcano II aparecer em teu horóscopo, bate energicamente à porta do futuro, e ela te será aberta. Porém, estuda bem o caminho que irás tomar. Vira teu rosto para o sol da justiça, e a ciência da verdade te será dada. Guarda silêncio sobre tuas intenções para não as entregar à contradição dos homens.

---

34. O *lingam* era o signo figurativo da união dos dois sexos. A Antiguidade sagrada não relacionava nenhum pensamento vergonhoso à contemplação dos órgãos reprodutores. Entre os persas, os monumentos de Mitra são a prova disso. A corrupção dos costumes fez com que, mais tarde, esses símbolos fossem relegados aos santuários secretos da iniciação, mas os costumes não melhoraram.

ARCANO III – A IMPERATRIZ

Esta lâmina significa germinação, fermentação, incubação, fecundidade, geração, iniciativa. (AOR)

No *mundo divino*, exprime a força suprema, equilibrada pela inteligência eternamente ativa e pela sabedoria absoluta. No *mundo intelectual*, a fecundidade universal do ser. No *mundo físico*, a natureza trabalhando, a germinação dos atos que devem eclodir da vontade.

O Arcano III é representado pela imagem de uma mulher sentada no centro de um sol radiante. Ela é coroada com 12 estrelas, e seus pés repousam na lua. É a personificação da fecundidade universal. O Sol é o emblema da força criadora; a coroa estrelada simboliza, por meio do número 12, as casas ou estações percorridas por esse astro a cada ano em torno da zona zodiacal. Essa mulher, a Ísis celestial ou a natureza, carrega um cetro encimado por um globo: é o signo de sua ação perpétua sobre as coisas nascidas ou para nascer. Na outra mão, carrega uma águia, símbolo das alturas às quais pode se elevar a expansão do espírito. A lua colocada a seus pés representa a infinitude da matéria e seu domínio pelo espírito.

Lembra-te, filho da Terra, de que afirmar o que é verdadeiro significa querer o que é justo; já é criar. Afirmar e querer o contrário é dedicar-se à destruição. Se o Arcano III se manifestar entre os signos fatídicos de teu horóscopo, espera o sucesso de tuas iniciativas, desde que saibas unir a atividade fecunda à retidão de espírito que faz frutificar as obras.

ARCANO IV – O IMPERADOR

Esta lâmina significa apoio, estabilidade, poder, proteção. Representa um grande personagem.[35] (AOR)

No *mundo divino*, exprime a realização perpétua e hierárquica das potencialidades contidas no ser absoluto. No *mundo intelectual*, a realização das ideias do ser contingente pelo trabalho quádruplo do espírito: afirmação, negação,

---

35. Com "grande personagem" o autor pretende dizer que o arcano representa uma figura importante, uma autoridade. (N. do RT.)

discussão, solução. No *mundo físico*, a realização dos atos dirigidos pela ciência da verdade, pelo amor à justiça, pela força de vontade e pelo trabalho dos órgãos.

O Arcano IV é representado por um homem com um elmo encimado por uma coroa. Ele está sentado sobre uma pedra cúbica. Sua mão direita ergue um cetro, e sua perna direita está dobrada e se apoia sobre a esquerda, formando uma cruz. A pedra cúbica, símbolo do sólido perfeito, significa a obra humana realizada. O elmo coroado é o emblema da força que conquistou o poder. Esse dominador está de posse do cetro de Ísis, e a pedra que lhe serve de trono significa a matéria domada. A cruz traçada pela posição de suas pernas simboliza os quatro elementos e a expansão da força humana em todos os sentidos.

Lembra-te, filho da Terra, de que nada resiste a uma vontade firme, que tem por alavanca a ciência da verdade e da justiça. Lutar para assegurar sua realização é mais do que um direito, é um dever. O homem que triunfa nessa luta apenas cumpre sua missão terrestre; o que sucumbe ao se sacrificar conquista a imortalidade. Se o Arcano IV aparecer em teu horóscopo, isso significa que a realização de tuas esperanças depende de um ser mais forte que tu. Tenta conhecê-lo, e terás o apoio dele.

ARCANO V – O PAPA

O Arcano V significa inspiração, indicação, ensino; representa um homem ao qual costumamos nos dirigir: padre, médico, advogado etc. (AOR)

No *mundo divino*, exprime a lei universal reguladora das manifestações infinitas do ser na unidade da substância. No *mundo intelectual*, a religião, relação do ser absoluto com o ser relativo, do infinito com o finito. No *mundo físico*, a inspiração comunicada pelas vibrações do fluido astral; a provação do homem pela liberdade de ação no círculo intransponível da lei universal.

O Arcano V é representado pelo hierofante (mestre dos mistérios sagrados). Esse príncipe da doutrina oculta está sentado entre as duas colunas do santuário. Está apoiado em uma cruz de três barras e, com o indicador da mão direita, traça sobre o peito o sinal do silêncio. A seus pés estão prostrados dois homens, um vestido de vermelho, e o outro, de preto. O hierofante, supremo órgão da ciência sagrada, representa o gênio das boas inspirações do espírito e da consciência. Seu gesto convida ao recolhimento para ouvir a voz do céu no silêncio das paixões e dos instintos da carne. A coluna da direita simboliza a lei divina; a da esquerda significa a liberdade de obedecer ou de desobedecer. A cruz de três barras é o emblema de Deus que penetra os três mundos para neles fazer florescer todas as manifestações da vida universal. Os dois homens prostrados, um de vermelho e o outro de preto, representam, respectivamente, o gênio da luz e o das trevas, que obedecem ao mestre dos arcanos.

Lembra-te, filho da Terra, de que, antes de dizer que um homem é feliz ou infeliz, é preciso saber qual uso ele faz de sua vontade, pois todo homem cria a própria vida à imagem de suas obras. O gênio do bem está à tua direita, e o do mal, à tua esquerda. A voz de ambos só é ouvida por tua consciência. Recolhe-te, e ela te responderá.

ARCANO VI – O ENAMORADO

Esta lâmina significa atração, amor, beleza, idealismo. (AOR)

No *mundo divino*, exprime a ciência do bem e do mal. No *mundo intelectual*, o equilíbrio entre a necessidade e a liberdade. No *mundo físico*, o antagonismo das forças naturais, o encadeamento dos efeitos às causas.

O Arcano VI é representado por um homem em pé e imóvel em um canto formado pela junção de duas vias. Seu olhar está voltado para o chão, e seus braços estão cruzados sobre o peito. Duas mulheres, uma à direita, e outra, à esquerda, respectivamente colocam a mão em seu ombro e em seu braço, mostrando-lhe um dos caminhos. A mulher à direita tem a cabeça cingida por um círculo dourado; ela personifica a virtude. A mulher à esquerda é coroada de púrpura e representa o vício tentador. Acima e atrás desse grupo, o gênio da justiça, planando em uma auréola fulgurante, tensiona seu arco e dirige ao vício a flecha do castigo. O conjunto da cena exprime a luta entre as paixões e a consciência.

Lembra-te, filho da Terra, de que, para o comum dos homens, a atração do vício tem mais prestígio que a austera beleza da virtude. Se o Arcano VI aparecer em teu horóscopo, tem cuidado com tuas decisões. Os obstáculos barram à tua frente o caminho da felicidade que persegues; as oportunidades contrárias planam sobre ti, e tua vontade ameaça tombar no lado oposto. Em todas as coisas, a indecisão é mais funesta que uma má escolha. Avança ou recua, mas não hesites, e sabe que é mais difícil romper uma corrente de flores que outra de ferro.

ARCANO VII – O CARRO

Esta lâmina significa providência, auxílio, triunfo. (AOR)

No *mundo divino*, exprime o septenário, o domínio do espírito pela natureza. No *mundo intelectual*, o sacerdócio e o império. No *mundo físico*, a submissão dos elementos e das forças da matéria à inteligência e ao trabalho do homem.

O Arcano VII é representado por um carro de guerra quadrado, encimado por um dossel estrelado, sustentado por quatro colunas. O carro é conduzido por um homem triunfante, vestido com uma couraça e carregando cetro e espada. Usa uma coroa de ouro com três pentagramas ou estrelas douradas de cinco pontas como florões. O carro quadrado simboliza a obra realizada pela vontade que venceu os obstáculos. As quatro colunas do dossel estrelado representam os quatro elementos submetidos ao dono do cetro e da espada. Na face frontal e quadrada do carro está traçada uma esfera sustentada por duas asas abertas, símbolo da exaltação ilimitada da força humana no infinito do espaço e do tempo. A coroa de ouro na cabeça do homem triunfante significa a posse da luz intelectual que ilumina todos os arcanos da fortuna. As três estrelas dos florões simbolizam a força equilibrada pela inteligência e pela sabedoria. Três esquadros aparecem traçados na couraça. Eles significam a retidão do julgamento, da vontade e da ação dada pela força, simbolizada pela couraça. A espada elevada é sinal de vitória. Encimado por um triângulo (símbolo do espírito), por um quadrado (símbolo da matéria) e por um círculo (símbolo da eternidade), o cetro significa o perpétuo domínio da inteligência sobre as forças da natureza. Duas esfinges, uma branca e outra preta, estão atreladas ao carro. A branca simboliza o bem, e a preta, o mal; uma, a conquista, e a outra, a derrota. Ambas se tornam servidoras do Mago, que triunfou sobre as provações.

Lembra-te, filho da Terra, de que o império do mundo pertence aos que possuem a soberania do espírito, ou seja, a luz que ilumina os mistérios da vida. Ao romper os obstáculos, esmagarás teus inimigos,[36] e todos os teus desejos serão realizados se abordares o futuro com uma audácia armada da consciência do teu direito.

---

36. Nossos *inimigos são os defeitos e as paixões* que trouxemos de uma vida anterior. As pessoas que nos opõem obstáculos são apenas instrumentos destinados a nos fazer perder esses defeitos. (AOR)

ARCANO VIII – A JUSTIÇA

Esta lâmina significa justiça, equidade, retidão, equilíbrio, plenitude. (AOR)

No *mundo divino*, exprime a justiça absoluta. No *mundo intelectual*, a atração e a repulsão. No *mundo físico*, a justiça relativa, falível e limitada que emana dos homens.

O Arcano VIII é representado por uma mulher sentada em seu trono. Tem a cabeça cingida por uma coroa armada com pontas de lança. Com a mão direita, segura uma espada com a ponta virada para cima; com a esquerda, uma balança. Esse é o antigo símbolo da justiça que pesa os atos e opõe ao mal a espada da expiação como contrapeso. Emanada de Deus, a justiça é a reação equilibrante que reconstitui a ordem, ou seja, o equilíbrio entre o direito e o dever. Nesse caso, a espada é sinal de proteção para os bons e de ameaça para os maus. Os olhos da justiça são cobertos por uma venda para marcar que ela pesa e golpeia sem levar em conta diferenças convencionais que os homens estabelecem entre si.

Lembra-te, filho da Terra, de que vencer e dominar os obstáculos superados é apenas parte da missão humana. Para realizá-la, é preciso estabelecer o equilíbrio entre as forças postas em jogo. Como toda ação produz uma reação, a vontade deve prever o choque das forças contrárias para atenuá-lo e anulá-lo. Todo futuro se equilibra entre o bem e o mal. Toda inteligência que não sabe se equilibrar lembra um sol que não chegou a nascer.

ARCANO IX – O EREMITA

Esta lâmina significa prudência, proteção, sabedoria, circunspecção.[37] (AOR)

No *mundo divino*, exprime a sabedoria absoluta. No *mundo intelectual*, a prudência, diretriz da vontade. No *mundo físico*, a circunspecção, guia dos atos.

O Arcano IX é representado por um ancião que caminha apoiado em um cajado e carrega à sua frente um lampião aceso, meio escondido sob seu manto. Esse ancião personifica a experiência adquirida no trabalho da vida. O lampião aceso significa a luz da inteligência que deve se estender sobre o passado, o presente e o

---

[37]. Termos análogos e mais frequentes associados ao arcano O Eremita seriam retidão, sensatez, precaução e cautela. (N. do RT.)

futuro. O manto que o esconde pela metade significa discrição. O cajado simboliza o apoio concedido pela prudência ao homem que não revela seu pensamento.

Lembra-te, filho da Terra, de que a prudência é a armadura do sábio. A circunspecção faz que ele evite as armadilhas e os abismos e pressinta a traição. Toma-o como guia em todos os teus atos, mesmo nas menores coisas. Nada é indiferente aqui embaixo; um cascalho pode mover o carro de um senhor do mundo. Lembra-te de que, se a palavra é prata, o silêncio é ouro.

ARCANO X – A RODA DA FORTUNA

Esta lâmina representa fortuna, destino, elevação, ascensão, supremacia. (AOR)
No *mundo divino*, exprime o princípio ativo que anima os seres. No *mundo intelectual*, a autoridade governante. No *mundo físico*, a boa ou má fortuna.

O Arcano X é representado por uma roda no eixo, entre duas colunas. À direita, *Hermanúbis*, o gênio do bem, esforça-se para subir no topo da circunferência. À esquerda, *Tífon*, o gênio do mal, precipita-se para baixo. Em equilíbrio nessa roda, a esfinge segura uma espada com suas garras de leão. Ela personifica o destino, sempre pronto a golpear à direita ou à esquerda, e que, conforme a roda gira sob seu impulso, deixa subir os mais humildes e derruba os mais altivos.

Lembra-te, filho da Terra, de que para poder é preciso querer; para querer com eficácia, é preciso ousar; e para ousar com sucesso é preciso saber calar até o momento de agir. Para adquirir o direito de possuir a ciência e o poder, é preciso querer com paciência e com incansável perseverança. E, para te manteres no topo da vida, caso consigas alcançá-lo, é preciso ter aprendido a sondar com olhar sem vertigens as profundezas mais vastas.

ARCANO XI – A FORÇA

Esta lâmina significa força, energia, trabalho, ação, vitalidade. (AOR)
No *mundo divino*, exprime o princípio de toda força, espiritual e material. No *mundo intelectual*, a força moral. No *mundo físico*, a força orgânica.

O Arcano XI é representado pela imagem de uma moça que, sem nenhum esforço, fecha com a mão a boca de um leão. É o emblema da força, comunicada ao homem pela fé em si mesmo e pela inocência da vida.

Lembra-te, filho de Terra, de que para poder é preciso crer que se pode. Avança com fé: o obstáculo é um fantasma. Para te tornares forte, é necessário impor silêncio às fraquezas do coração, estudar o dever, que é a regra do direito, e praticar a justiça com amor.

ARCANO XII – O PENDURADO

Esta lâmina significa expiação, sacrifício, martírio. (AOR)
No *mundo divino*, exprime a lei revelada. No *mundo intelectual*, o ensinamento do dever. No *mundo físico*, o sacrifício.

O Arcano XII é representado por um homem suspenso por um pé a uma forca apoiada em duas árvores, cada uma com seis galhos cortados. As mãos do homem estão atadas atrás das costas, e a dobra de seus braços formam a base de um triângulo invertido, cujo ápice é sua cabeça. Esse é o símbolo da morte violenta, causada por funesto acidente ou pela expiação de um crime, ou aceita com heroica devoção à verdade e à justiça. Os 12 galhos cortados representam a extinção da vida, a destruição das 12 casas do horóscopo. O triângulo com o topo invertido simboliza catástrofe.

Lembra-te, filho da Terra, de que a devoção é uma lei divina da qual ninguém é dispensado; contudo, não esperes outra coisa além de ingratidão por parte dos homens. Portanto, mantém tua alma sempre pronta a prestar contas ao Eterno, pois, se o Arcano XII aparecer em teu horóscopo, a morte violenta lançará armadilhas em teu caminho. Porém, se o mundo atentar contra tua vida terrestre, não expires sem aceitar com resignação essa interrupção desejada por Deus nem sem perdoar teus mais cruéis inimigos; pois quem não perdoa aqui embaixo será condenado além da vida à solidão eterna.

ARCANO XIII – A MORTE

Esta lâmina significa morte, destruição, transformação. (AOR)
No *mundo divino*, exprime o movimento perpétuo de criação, destruição e renovação. No *mundo intelectual*, a ascensão do espírito às esferas divinas. No *mundo físico*, a morte natural, ou seja, a transformação da natureza humana que chegou ao termo de seu último período orgânico.

O Arcano XIII é representado por um esqueleto ceifando cabeças em um prado. Por todos os lados surgem mãos e pés de homens à medida que a foice cumpre sua obra. Esse é o emblema da destruição e do renascimento perpétuo de todas as formas do ser no domínio do tempo.

Lembra-te, filho da Terra, de que as coisas terrestres duram pouco, e que as mais elevadas forças são ceifadas como a erva no campo. A dissolução de teus órgãos visíveis chegará mais cedo do que esperas, mas não a temas, pois a morte é apenas o nascimento de outra vida. O universo reabsorve incessantemente tudo o que, tendo saído de seu ventre, não se espiritualizou. Porém, a libertação dos instintos materiais por livre e voluntária adesão de nossa alma às leis do movimento universal constitui em nós a criação de um segundo homem, do homem celestial, e dá início à nossa imortalidade.

ARCANO XIV – A TEMPERANÇA

Esta lâmina significa metamorfose, mudanças, mutações. (AOR)

No *mundo divino*, exprime o movimento perpétuo da vida. No *mundo intelectual*, a combinação das ideias que criam a vida moral. No *mundo físico*, a combinação das forças da natureza.

O Arcano XIV é representado pelo gênio do Sol segurando duas urnas e vertendo de uma para a outra a seiva condutora da vida. Esse é o símbolo das combinações que se realizam incessantemente em todos os reinos da natureza.

Filho da Terra, consulta tuas forças, não para recuar diante de tuas obras, mas para desgastar os obstáculos, tal como a água que, gota a gota, desgasta a pedra mais dura.

ARCANO XV – O DIABO

Esta lâmina significa força maior, destino, magia, mistério, atrações secretas. (AOR)

No *mundo divino*, exprime a predestinação. No *mundo intelectual*, o mistério. No *mundo físico*, o imprevisto, a fatalidade.

O Arcano XV é representado por Tífon, gênio das catástrofes que se eleva de um abismo em chamas e sacode tochas acima de dois homens acorrentados a seus pés. É a imagem da fatalidade que irrompe em algumas vidas como a erupção de um vulcão e envolve grandes e pequenos, fortes e fracos, os mais hábeis e os que menos se desviam do bom caminho na igualdade do desastre.

Quem quer que sejas, filho da Terra, contempla os velhos carvalhos que desafiavam o raio e que este partiu ao meio após tê-los respeitado por mais de um século. Para de acreditar em tua sabedoria e em tua força se Deus não te permitiu apanhar a chave dos arcanos que acorrentam a fatalidade.

ARCANO XVI – A CASA DE DEUS

Esta lâmina significa queda, catástrofe, ruína. (AOR)

No *mundo divino*, exprime o castigo do orgulho. No *mundo intelectual*, a fraqueza do espírito que tenta penetrar no mistério de Deus. No *mundo físico*, o fluxo da fortuna.

O Arcano XVI é representado por uma torre decapitada por um raio. Um homem de coroa e outro sem precipitam-se de seu topo com os escombros das ameias. Esse é o símbolo do conflito das forças materiais que podem esmagar grandes e pequenos, reis e súditos. É também o emblema das rivalidades que terminam apenas em uma ruína comum, dos projetos inutilizados, das esperanças que definham, das iniciativas interrompidas, das ambições fulminadas, dos mortos por catástrofe.

Lembra-te, filho da Terra, de que toda prova de infortúnio, aceita com resignação à suprema vontade do Todo-Poderoso, é um progresso realizado, pelo qual serás eternamente recompensado. Sofrer significa trabalhar para se desprender da matéria e revestir-se de imortalidade.

ARCANO XVII – A ESTRELA

Esta lâmina significa influência,[38] ascendência, esperança. (AOR)

No *mundo divino*, exprime a imortalidade. No *mundo intelectual*, a luz interna que ilumina o espírito. No *mundo físico*, a esperança.

---

38. AOR remete exclusivamente à influência dos astros, um dos atributos tradicionais deste arcano. (N. RT)

O Arcano XVII é representado por uma estrela flamejante de oito pontas circundada por outras sete estrelas sobre uma moça nua, que derrama na terra árida os fluidos da vida universal, contidos em duas ânforas, uma de ouro e outra de prata. Perto dela, uma borboleta pousa em uma rosa. A moça é o emblema da esperança que derrama seu orvalho em nossos dias mais tristes. Ela está nua para representar que só nos resta a esperança quando estamos despojados de tudo. Acima dessa figura, a estrela flamejante de oito pontas simboliza o apocalipse dos destinos, fechado com sete selos que são os sete planetas, representados pelas outras sete estrelas. A borboleta é o símbolo da ressurreição além-túmulo.

Lembra-te, filho da Terra, de que a esperança é irmã da fé. Despoja-te de tuas paixões e de teus erros para estudar os mistérios da verdadeira ciência, e sua chave te será dada. Então, um raio da luz divina irromperá do santuário oculto para dissipar as trevas de teu futuro e te mostrar o caminho da felicidade. O que quer que aconteça em tua vida, nunca quebres as flores da esperança, e colherás os frutos da fé.

ARCANO XVIII – A LUA

Esta lâmina representa trevas, temores, sortilégios, encantamentos e a noite. (AOR)
No *mundo divino*, exprime os abismos do infinito. No *mundo intelectual*, as trevas que envolvem o espírito quando ele se submete ao império dos instintos. No *mundo físico*, as decepções e os inimigos ocultos.

O Arcano XVIII é representado por um campo que a Lua, encoberta pela metade, ilumina com pálido crepúsculo. Uma torre se ergue de cada lado de um caminho que se perde no horizonte deserto. Diante de uma dessas torres está um cão sentado e, diante da outra, outro cão uiva para a Lua. Entre esses dois animais rasteja um lagostim. As torres simbolizam a falsa segurança que não pressente os perigos ocultos, mais temíveis que os percebidos.

Lembra-te, filho da Terra, de que quem afronta o desconhecido corre o risco de sair perdedor. Os espíritos hostis, representados pelo lobo, cercam-no com emboscadas; os espíritos servis, representados pelo cão, escondem dele suas traições sob baixas adulações; e os espíritos preguiçosos, representados pelo lagostim que rasteja, passarão ao lado de sua ruína sem se comover. Observa, escuta e sabe calar.

ARCANO XIX – O SOL

Esta lâmina significa desvendamento,[39] desembaraço, luz. (AOR)

No *mundo divino*, exprime o céu supremo. No *mundo intelectual*, a verdade sagrada. No *mundo físico*, a felicidade tranquila.

O Arcano XIX é representado por um sol radiante que ilumina duas crianças, imagens da inocência, que se seguram pela mão no centro de um círculo decorado com flores. Esse é o símbolo da felicidade prometida pela simplicidade da vida e pela moderação dos desejos.

Lembra-te, filho da Terra, de que a luz dos mistérios é um fluido perigoso, posto pela natureza a serviço da vontade. Ela ilumina os que sabem dirigi-la e fulmina os que ignoram seu poder ou dele abusam.

ARCANO XX – O JULGAMENTO

Esta lâmina significa despertamento,[40] surpresa, brilho, destruição. (AOR)

Representa a passagem da vida terrestre para a vida futura. Um gênio toca uma trombeta sobre um túmulo entreaberto. Um homem, uma mulher, uma criança, símbolos da trindade humana, levantam-se de seu leito fúnebre. Esse é o sinal da mudança, que é o fim de todas as coisas, tanto do bem quanto do mal.

Lembra-te, filho da Terra, de que toda fortuna é móvel, mesmo aquela que parece a mais estável. A ascensão da alma é o fruto que ela deve tirar de suas sucessivas provações. Tem esperança no sofrimento, mas desconfia na prosperidade. Não adormeças na indolência nem no esquecimento. Quando menos esperar, a roda da fortuna girará, e serás elevado ou precipitado pela esfinge.

ARCANO 0 (OU XXI) – O LOUCO

Esta lâmina significa inconsciência, aberração, perturbação, loucura e desvio.

O Arcano XXI representa o sentimento resultante de toda falta.

---

39. Outros termos análogos e mais frequentes são transparência, lucidez, reconhecimento e clareza. O Sol também representa o dia. (N. do RT.)

40. AOR se refere ao despertar que o arcano suscita, já que se trata de um advento superior, uma anunciação, de um novo tempo e novas situações. (N. do RT.)

Vês aqui um louco carregado de uma sacola cheia de ninharias, caminhando tranquilamente com um cão que morde sua perna. Dirige-se, sem prestar atenção, a um precipício em que se acha um crocodilo pronto a devorá-lo.

Esse louco é o símbolo do homem que se torna escravo da matéria. Os símbolos sagrados que leva na sacola e cujo valor ignora, ele os guarda com temor supersticioso, porque lhe foram legados pelos pais.

O obelisco partido representa a ruína de suas obras.

O cão é a imagem do remorso que impede o criminoso de arruinar-se totalmente, e o crocodilo representa a implacável fatalidade que nos faz expiar nossas culpas. (AOR)

ARCANO (XXI OU) XXII – O MUNDO

O Arcano XXI é a síntese do tarô e resume todos os arcanos maiores e menores. No entanto, como é um arcano maior, apresentamos aqui seu significado. Representa o consulente.

Esse arcano supremo do magismo é representado por uma jovem nua que segura uma vareta em cada mão, tem as pernas cruzadas (como O Pendurado da duodécima lâmina) e está no meio de uma elipse. Nos quatro cantos dessa elipse estão representados os quatro animais dos Evangelistas ou as quatro formas da esfinge: o homem, o leão, o touro e a águia.

Esse é o símbolo do Mago que chegou ao mais alto grau da iniciação e obteve, por meio dela, a posse de poder, cujos graus ascensionais têm apenas a inteligência e a sabedoria como limites. (AOR)

Lembra-te, filho da Terra, de que o império do mundo pertence ao império da luz, e de que o império da luz é o trono reservado por Deus à vontade santificada. Para o Mago, a bondade é fruto da ciência do bem e do mal. Porém, Deus só permite colher esse fruto imperecível ao homem que é suficientemente senhor de si para se aproximar dele sem o cobiçar.

Façamos um resumo desses 22 arcanos por meio dos 22 títulos que exprimem seus símbolos:

O primeiro é nomeado *O Mago* e simboliza a *vontade*.

O segundo é nomeado *A Porta do Santuário Oculto* e simboliza a *ciência* que deve guiar a vontade.

O terceiro é nomeado *Ísis-Urânia* e simboliza a *ação* que deve manifestar a vontade unida à ciência.

O quarto é nomeado *A Pedra Cúbica* e simboliza a *realização* dos atos humanos, a obra executada.

O quinto é nomeado *O Mestre dos Arcanos* e simboliza a *inspiração* que o homem recebe das forças ocultas.

O sexto é nomeado *As Duas Rodas* e simboliza a *provação* à qual é submetida toda vontade na presença do bem e do mal.

O sétimo é nomeado *O Carro de Osíris* e simboliza a *vitória*, ou seja, o carro do bem, fruto da verdade e da justiça.

O oitavo é nomeado *Têmis* e simboliza o *equilíbrio*, por analogia com a balança, que é o atributo da justiça.

O nono é nomeado *A Lâmpada Velada* e simboliza a *prudência* que mantém o equilíbrio.

O décimo é nomeado *A Esfinge* e simboliza a *fortuna*, feliz ou infeliz, que acompanha toda vida.

O décimo primeiro é nomeado *O Leão Domado* e simboliza a *força* que todo homem é convocado a conquistar pelo desenvolvimento de suas faculdades intelectuais e morais.

O décimo segundo é nomeado *O Sacrifício* e simboliza a *morte violenta*.

O décimo terceiro é nomeado *A Foice* e simboliza a *transformação* do homem, ou seja, sua passagem para a vida futura pela morte natural.

O décimo quarto é nomeado *O Gênio Solar* e simboliza a *iniciativa* do homem pela combinação da vontade, da ciência e da ação.

O décimo quinto é nomeado *Tífon* e simboliza a *fatalidade* que nos atinge de maneira imprevista.

O décimo sexto é nomeado *A Torre Fulminada* e simboliza a *ruína* sob todos os aspectos apresentados por essa ideia.

O décimo sétimo é nomeado *A Estrela dos Magos* e simboliza a *esperança* que conduz à salvação pela fé.

O décimo oitavo é nomeado *O Crepúsculo* e simboliza as *decepções* que nos são ensinadas por nossa fraqueza.

O décimo nono é nomeado *A Luz Resplandecente* e simboliza a *felicidade* terrestre.

O vigésimo é nomeado *O Despertar dos Mortos* e simboliza a *renovação* que transforma o bem em mal ou o mal em bem na série de provações impostas a toda trajetória.

O vigésimo primeiro é nomeado *O Crocodilo* e simboliza a *expiação* dos erros ou das culpas voluntárias.

O vigésimo segundo é nomeado *A Coroa dos Magos* e simboliza a *recompensa* dada a todo homem que cumpriu sua missão na terra e nele reflete alguns traços da imagem de Deus.

Unindo um símbolo ao outro e sucessivamente os 22 significados que deles emanam, seu conjunto resume o magismo nos seguintes termos:

A *vontade* humana (I), esclarecida pela *ciência* (II) e manifestada pela *ação* (III), cria a *realização* (IV) de um poder a ser usado ou abusado, de acordo com a boa ou má *inspiração* (V), no círculo traçado pelas leis da ordem universal.

Após ter superado a *provação* (VI) que lhe é imposta pela sabedoria divina, graças à sua *vitória* (VII), a vontade humana toma posse da obra que criou e, ao constituir seu *equilíbrio* (VIII) no eixo da *prudência* (IX), passa a dominar as oscilações da *fortuna* (X). A *força* (XI) do homem, santificado pelo *sacrifício* (XII), que é o oferecimento voluntário de si mesmo no altar da devoção ou da expiação, triunfa sobre a morte; e sua divina *transformação* (XIII), ao elevá-lo além-túmulo para as regiões serenas de um progresso infinito, opõe-se à realidade de imortal *iniciativa* (XIV), à eterna mentira da *fatalidade* (XV). O curso do tempo se mede por ruínas, mas além de cada *ruína* (XVI) vê-se o ressurgimento da aurora da *esperança* (XVII) ou o crepúsculo das *decepções* (XVIII). O homem aspira incessantemente ao que lhe escapa, e o sol da *felicidade* (XIX) nasce para ele apenas atrás do túmulo e após a *renovação* (XX) de seu ser pela morte, que lhe abre uma esfera mais elevada de vontade, inteligência e ação. Toda vontade que se deixa governar pelos instintos do corpo é uma abdicação da liberdade e se destina à *expiação* (0) de seu erro ou de sua culpa. Por outro lado, toda vontade que, a partir dessa vida, se une a Deus para manifestar a verdade e realizar a justiça acaba participando da força divina sobre os seres e as coisas e recebe a *recompensa* (XXI) eterna dos espíritos libertos.

Pesquisas Pessoais

Nossas pesquisas pessoais sobre o tarô foram publicadas no volume *O Tarô dos Boêmios*,[41] ao qual remetemos nossos leitores.

---

41. *O Tarô dos Boêmios*, chave absoluta para a ciência oculta e livro mais antigo do mundo, de uso exclusivo dos iniciados; 2ª edição parcialmente ampliada em *O Tarô Filosófico*.

Oferecemos aqui a imagem geral da construção do tarô, tal como a estabelecemos após novas pesquisas.

Nessa imagem, vemos que o centro é ocupado pelo Arcano 22, que resume toda a construção.

Os Arcanos Maiores encontram-se no centro, e os Arcanos Menores, na periferia.

Os números correspondentes a cada Arcano Menor das figuras são dispostos abaixo da mencionada figura.

Desse modo, os números 1-4-7 correspondem ao Rei; os números 2-5-8, à Dama; os números 3-6-9, ao Cavaleiro; e o número 10, ao Valete.

Por fim, os Bastões começam pelos Reis, pelas Copas, pelas Damas, e assim por diante.

Os Arcanos Maiores são dispostos de maneira que o arcano colocado em cima reproduza, por adição teosófica, o número do arcano colocado embaixo.

Assim, o Arcano 12 dá por adição 1 + 2 ou 3, que é o número do arcano colocado embaixo.

Todos os detalhes encontram-se em nosso estudo sobre o *Tarô dos Boêmios*.

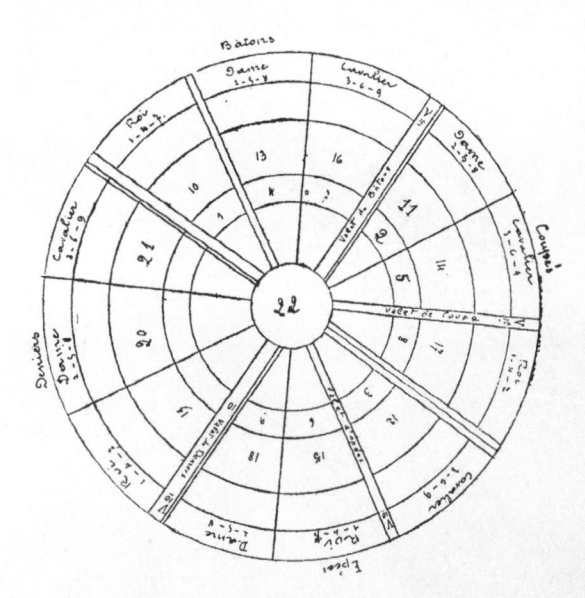

Clef générale du Tarot d'après les recherches de Papus.
Correspondance et situation de tous les Arcanes.

Chave geral do tarô de acordo com as pesquisas de Papus.
Correspondência e situação de todos os arcanos.

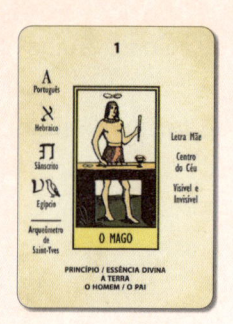

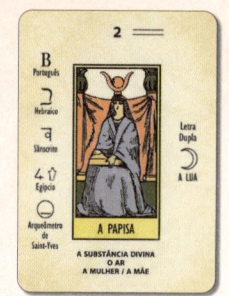

#	Português	Hebraico	Sânscrito	Egípcio	Arqueómetro de Saint-Yves	Nome	Letra / Símbolo	Significado
1	A					O MAGO	Letra Mãe / Centro do Céu / Visível e Invisível	PRINCÍPIO / ESSÊNCIA DIVINA A TERRA / O HOMEM / O PAI
2	B					A PAPISA	Letra Dupla / A LUA	A SUBSTÂNCIA DIVINA O AR / A MULHER / A MÃE
3	G					A IMPERATRIZ	Letra Dupla / VÉNUS	A NATUREZA DIVINA A ÁGUA / O MERCÚRIO DOS SÁBIOS / A GERAÇÃO
4	D					O IMPERADOR	JÚPITER	A FORMA / O FOGO / "A CRUZ FILOSÓFICA" / A AUTORIDADE / A PROTECÇÃO
5	E					O PAPA	Áries / 20 de Março	O MAGNETISMO UNIVERSAL / CIÊNCIA DO BEM E DO MAL / A QUINTESSÊNCIA / A RELIGIÃO
6	V					O ENAMORADO	Touro / 20 de Abril	A CRIAÇÃO / O DEUS UNIVERSAL (MEDIADOR DAS FORÇAS) / A LIBERDADE
7	Z					O CARRO	Gémeos / 20 de Maio	ESPÍRITO E FORMA / VITÓRIA E TRIUNFO / PROPRIEDADE
8	H					A JUSTIÇA	Câncer / 20 de Junho	EQUILÍBRIO UNIVERSAL / PARTILHA / JUSTIÇA
9	T					O EREMITA	Leão / 20 de Julho	OS GÉNIOS PROTETORES / A INICIAÇÃO / A PRUDÊNCIA
10	IY					A RODA DA FORTUNA	Virgem / 20 de Agosto	O REINO DE DEUS / A ORDEM / A FORTUNA
11	C					A FORÇA	MARTE	A FORÇA DIVINA / A FORÇA MORAL / A FORÇA HUMANA
12	L					O PENDURADO	Libra / 20 de Setembro	O CUMPRIMENTO / O SACRIFÍCIO MORAL / O SACRIFÍCIO FÍSICO
13	M					A MORTE	LETRA MÃE	A IMORTALIDADE POR TRANSFORMAÇÃO / A MORTE E O RENASCIMENTO / A TRANSFORMAÇÃO DAS FORÇAS
14	N					A TEMPERANÇA	Escorpião / 20 de Outubro	REVERSIBILIDADE / A HARMONIA DAS MISTURAS / A TEMPERANÇA
15	S					O DIABO	Sagitário / 20 de Novembro	O DESTINO / SERPENTE MÁGICA (O AGENTE MÁGICO) / A VIDA FÍSICA
16	O					A CASA DE DEUS	Capricórnio / 20 de Dezembro	DESTRUIÇÃO POR ANTAGONISMO / EQUILÍBRIO MATERIAL ROMPIDO / RUÍNA / CATÁSTROFE

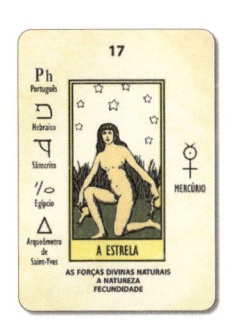

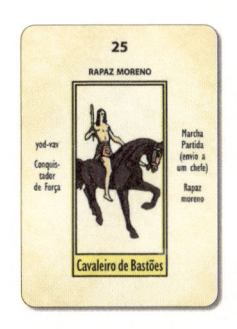

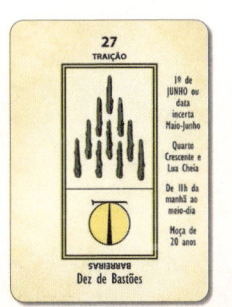

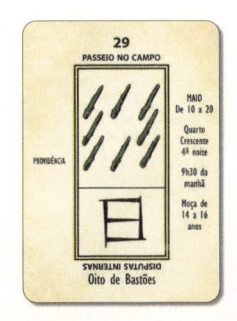

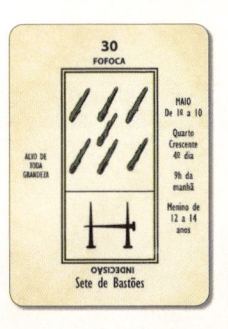

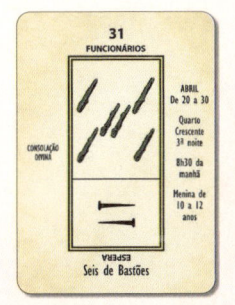

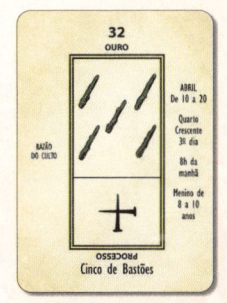

CAPÍTULO VII
CONCLUSÃO GERAL – PESQUISAS E DOCUMENTOS HISTÓRICOS – ETTEILLA – ÉLIPHAS LÉVI – PAUL CHRISTIAN – PAPUS – O TARÔ FILOSÓFICO

234

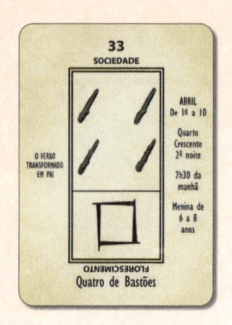

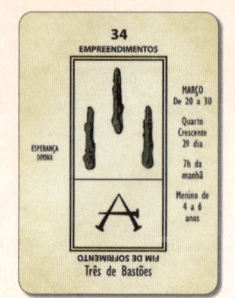

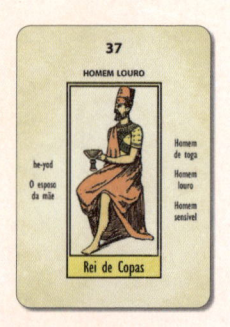

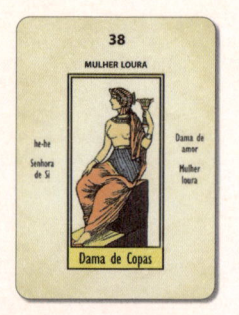

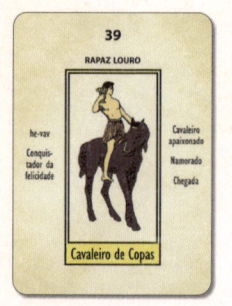

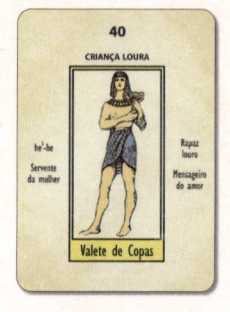

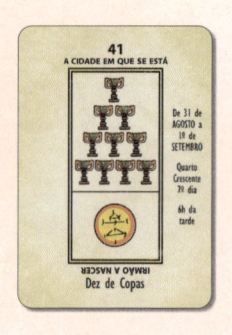

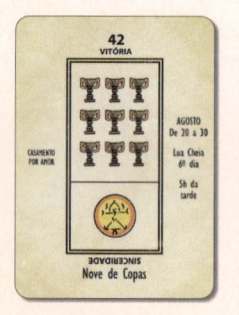

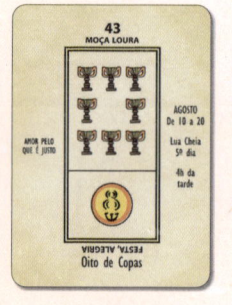

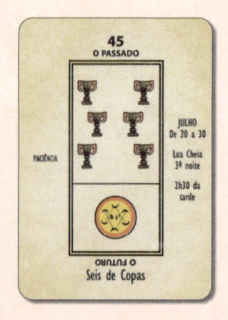

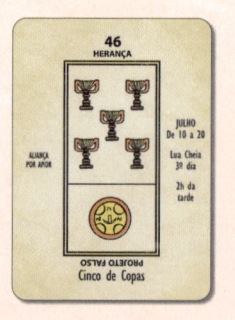

O TARÔ ADIVINHATÓRIO

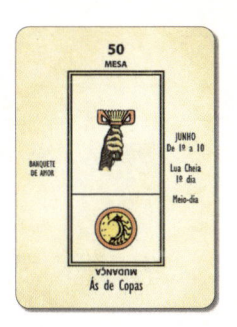

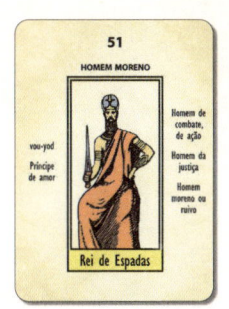

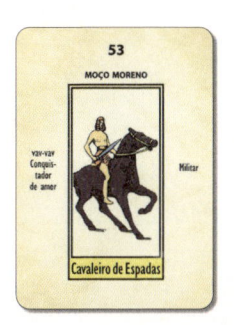

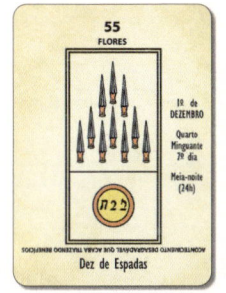

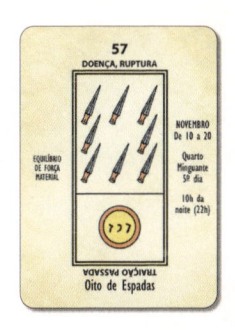

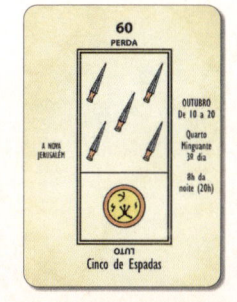

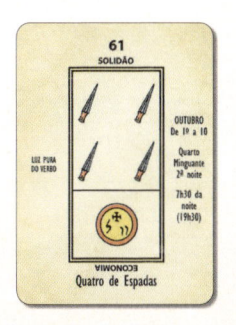

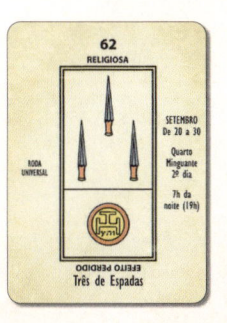

CAPÍTULO VII
CONCLUSÃO GERAL - PESQUISAS E DOCUMENTOS HISTÓRICOS - ETTEILLA - ÉLIPHAS LÉVI - PAUL CHRISTIAN - PAPUS - O TARÔ FILOSÓFICO

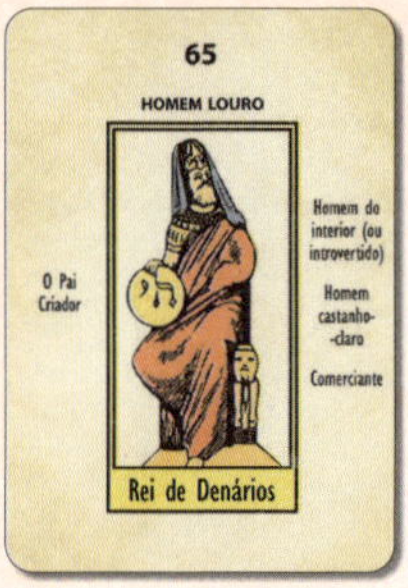
65
HOMEM LOURO
O Pai Criador
Homem do interior (ou introvertido)
Homem castanho-claro
Comerciante
Rei de Denários

66
MULHER LOURA
Educadora de Crianças
Mulher do interior (ou introvertida)
Comerciante
Mulher rica
Dama de Denários

67
MOÇO LOURO
Conquis-tador das obras
Viajante
Homem útil
Cavaleiro de Denários

68
CRIANÇA LOURA
Servente das obras
O super-visor das crianças ou dos grupos
Enviado por amigos
Mensageiro do dinheiro
Valete de Denários

69
A CASA
De 29 de FEVEREIRO a 1º de MARÇO (ano bissexto)
Lua Nova 7º dia Quarto Crescente
6h da manhã
LOTERIA
Dez de Denários

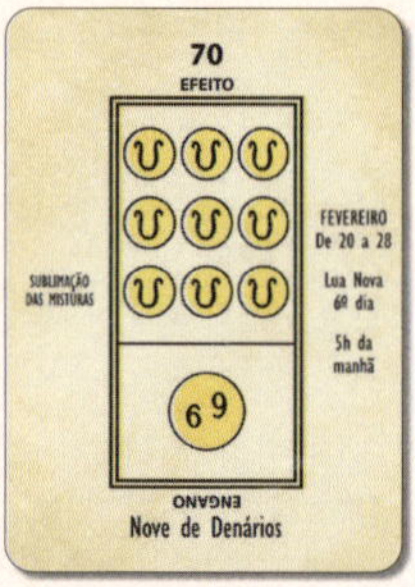
70
EFEITO
SUBLIMAÇÃO DAS MISTURAS
FEVEREIRO De 20 a 28
Lua Nova 6º dia
5h da manhã
ENGANO
Nove de Denários

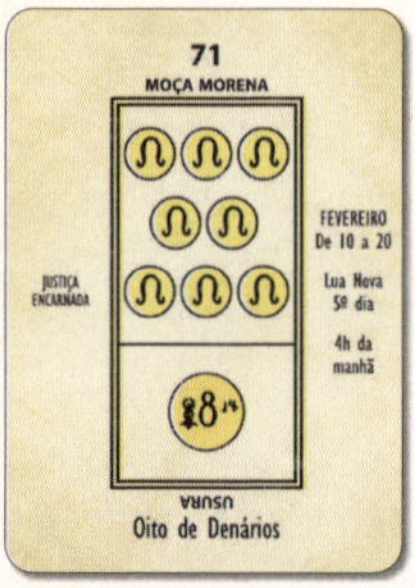
71
MOÇA MORENA
JUSTIÇA ENCARNADA
FEVEREIRO De 10 a 20
Lua Nova 5º dia
4h da manhã
USURA
Oito de Denários

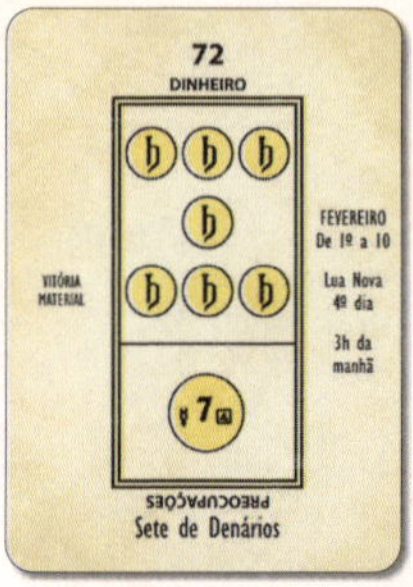
72
DINHEIRO
VITÓRIA MATERIAL
FEVEREIRO De 1º a 10
Lua Nova 4º dia
3h da manhã
PREOCUPAÇÕES
Sete de Denários

73
O PRESENTE
EQUILÍBRIO DAS MISTURAS
JANEIRO De 20 a 30
Lua Nova 3ª noite
2h30 da manhã
AMBIÇÃO
Seis de Denários

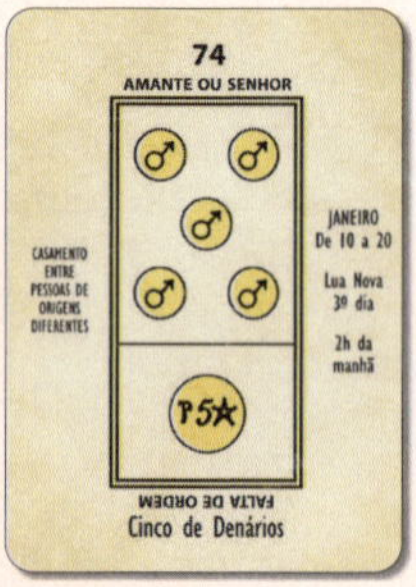
74
AMANTE OU SENHOR
CASAMENTO ENTRE PESSOAS DE ORIGENS DIFERENTES
JANEIRO De 10 a 20
Lua Nova 3º dia
2h da manhã
FALTA DE ORDEM
Cinco de Denários

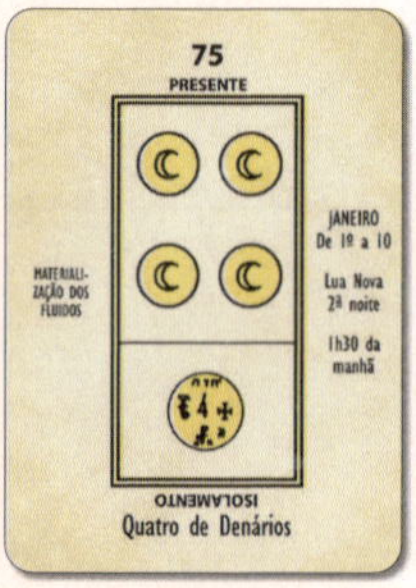
75
PRESENTE
MATERIALI-ZAÇÃO DOS FLUIDOS
JANEIRO De 1º a 10
Lua Nova 2ª noite
1h30 da manhã
ISOLAMENTO
Quatro de Denários

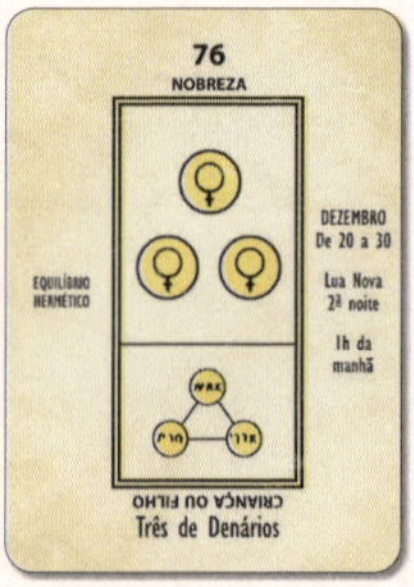
76
NOBREZA
EQUILÍBRIO HERMÉTICO
DEZEMBRO De 20 a 30
Lua Nova 2ª noite
1h da manhã
CRIANÇA OU FILHO
Três de Denários

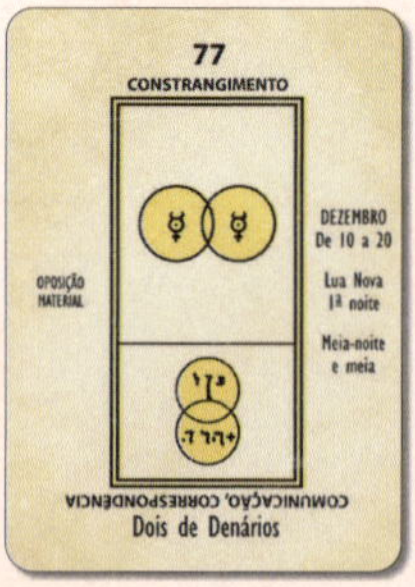
77
CONSTRANGIMENTO
OPOSIÇÃO MATERIAL
DEZEMBRO De 10 a 20
Lua Nova 1ª noite
Meia-noite e meia
COMUNICAÇÃO, CORRESPONDÊNCIA
Dois de Denários

78
CONTENTAMENTO ABSOLUTO
A MATÉRIA UNIVERSAL
DEZEMBRO De 1º a 10
Lua Nova 1º dia
Meia-noite
BOLSA DE DINHEIRO
Ás de Denários

O Livro dos Mistérios para desvendar os Mistérios da Vida

Posfácio de Leo Chioda

De todos os oráculos, o Tarô é o mais surpreendente nas suas respostas.
ÉLIPHAS LÉVI

A revisão técnica é uma longa jornada pelos mais recônditos meandros de uma obra. Longe de ser apenas a leitura atenta do conteúdo, ela é uma das raras formas de apreender o que um ou vários autores pretendem mostrar, subtrair, ressaltar ou mesmo ocultar das páginas.

Esta nova e definitiva edição de *O Tarô Adivinhatório*, como já sabe o leitor, é fruto de um trabalho extenso de tradução, combinação e adequação de dois livros: o homônimo de 1920, preparado por Antonio Olívio Rodrigues, e o original francês, *Le Tarot Divinatoire*, de 1909, concebido por Papus. Dois autores de um mesmo livro que, de certa maneira, demanda uma análise cuidadosa do primeiro texto, em francês, e do texto brasileiro para pontuar o que foi adicionado, suprimido ou emprestado de outros títulos.

Honrando essa premissa inicial de situar ou mesmo de retificar o papel de uma obra, pressupõe-se um estudo minucioso, dentro do tempo hábil, da bibliografia do autor. Foram frequentes as consultas ao acervo digital da Biblioteca Nacional da França para preencher determinadas lacunas de edições e traduções de diversos títulos de Papus, especialmente *Le Tarot des Bohémiens*, irmão mais velho do livro que o leitor tem agora em mãos. Fez-se necessária uma visita a um dos principais alfarrabistas de São Paulo, guardião de uma raríssima 2ª edição desse livro,[42] para conferir ilustrações e cotejar trechos escolhidos por Antonio Olívio Rodrigues, que também estão *O Tarô Adivinhatório*, e assim prosseguir com a lapidação dessa obra que respeita, em absoluto, a original de Papus e nossa versão, uma das publicações mais importantes e longevas do esoterismo brasileiro. Ressalto a importância de um fiel exemplar do próprio *Le Tarot Divinatoire*, livro de mesa e cabeceira, publicado pela Editions Dangles, em 1982. Graças a ele, foi mais assertiva a conferência de detalhes do original com a excelente tradução de Karina Jannini. Outros livros, tanto de Papus, Christian e Etteilla quanto de outros autores, felizmente já publicados pela Editora Pensamento, como os de Éliphas Lévi, também foram de extrema importância para compreender os objetivos alcançados pelo autor.

Dada sua época, Papus é uma espécie rara de escritor, pois era agregador de ideias. Em toda sua vasta bibliografia, são incontáveis as citações a outros autores, pensadores e profissionais quase anônimos que, por sua perspectiva, eram importantes para os temas desenvolvidos por ele. No tarô, não foi diferente. São infindáveis as particularidades do sistema oracular proposto, algumas das principais já abordadas em nosso Prefácio, que devem ser devidamente elucidadas. Entre elas, a onipresença de Etteilla em *Le Tarot Divinatoire* se destaca e se explica por corroborar as ideias de Papus: na mesma medida em que critica o mais famoso cartomante do século XVIII, Papus o considera o fundador da cartomancia e reconhece seus inúmeros esforços para oferecer ao público um sistema completo de adivinhação. Esse é, inclusive, o metal que Papus tenciona transmutar em ouro nessa importante obra, que ajudou a popularizar esse oráculo de forma mais acessível e, assim, democrática.

O primeiro tarô de Etteilla, composto de 78 cartas ilustradas pelo gravador Pierre-François Basan, foi um divisor de águas para a crítica esotérica desde sua

---

42. Paris: Hector et Henri Durville, 1911.

publicação, em 1788. O capítulo dedicado aos comentários de d'Odoucet sobre essas imagens demonstram o fascínio e o respeito de Papus por Etteilla. Esse capítulo foi suprimido por Antonio Olívio Rodrigues para evitar equívocos ou falta de clareza no manual que acompanha o tarô, uma vez que as imagens de Etteilla, como foi visto no Capítulo VI desta obra, destoam completamente da numeração e da estrutura convencional dos tarôs clássicos, como o de Marselha.

O leitor acostumado com a nomenclatura moderna do tarô, especificamente nos Arcanos Menores, notará certas alterações propositais: *Paus, Copas, Espadas* e *Ouros* são, nesta edição, marcados por *Bastões, Copas, Espadas* e *Denários*. Denário, do latim *denarius*, era a moeda de prata cunhada e difundida durante o Império Romano e citada com alguma frequência na Bíblia. O termo significa "que contém dez" e tinha, portanto, o valor de dez Asses – moeda de bronze em circulação durante a República Romana, cujo singular é "Ás", que explica o título dos primeiros Arcanos Menores numerados. Desde Court de Gébelin, em *Le Monde Primitif* (1781), usa-se Denário para descrever as cartas do naipe que hoje chamamos de Ouros. Foi mantido o termo também utilizado por Papus a título de coerência com a tradição francesa: *Bastons, Coupes, Epées* e *Deniers*. Por essa única razão, a de manter a uniformidade com os antigos *cartiers*, foram destituídos os termos aplicados por Antonio Olívio Rodrigues: *Bastões, Taças, Gládios* e *Moedas*.

Também os títulos dos quatro Arcanos Menores dos quatro reinos, cada um representado por seu respectivo naipe, foram retificados de acordo com o original de Papus. Ele os apresenta como *Rei, Dama, Cavaleiro* e *Valete*, mais adequados que *Escravo, Soldado, Senhora* e *Senhor*, conforme Antonio Olívio Rodrigues, tão distantes dos nossos atuais *Pajem, Cavaleiro, Rainha* e *Rei*. Para evitar estranhamento entre *O Tarô Adivinhatório* e outros livros e baralhos de tarô, faz-se necessário esclarecer que *Valete* e *Dama* equivalem, respectivamente, a *Pajem* e *Rainha*, termos análogos e mais frequentes tanto na literatura tarológica publicada no Brasil quanto na de língua inglesa, com *Page* e *Queen*, por exemplo.

O leitor também pode notar que os demais Arcanos Menores, ainda que numerados do 22 ao 78, são sempre apresentados em ordem decrescente, do Rei ao Valete e do Dez ao Ás de cada naipe: Bastões, Copas, Espadas e Denários, respectivamente. Essa ordem, igualmente emprestada de Etteilla, mantida por Antonio Olívio Rodrigues e que persevera na maioria dos baralhos atuais, é tida por Papus como a divisão de quatro grandes princípios que regem o ser humano: os Bastões representam empreendimentos e glórias; as Copas simbolizam amor e felicidade; as Espadas retratam ódio e guerra; e os Denários aludem a fortunas e interesses. Essa noção, antes complexa em *Le Tarot des Bohémiens*, agora ajuda a entender as considerações e os atributos que determinadas cartas recebem ou mantêm em *Le Tarot Divinatoire*, ainda que Papus atribua tanto valor ao exercício da intuição de quem lê as cartas, isto é, ao que se torna possível ver através delas, quando devidamente combinadas, quanto às descrições, aos significados e às instruções presentes em seus próprios livros e nos mais variados manuais de cartomancia.

Certos nomes aventados ao longo de *O Tarô Adivinhatório*, alguns deles apontados nas notas ao longo do livro, merecem atenção não por mera curiosidade, mas por desdobrarem referências e expandirem o repertório ocultista do leitor acerca dos esforços de Papus. Um deles é o "célebre Moreau", a quem se atribui a interpretação de 32 cartas (provavelmente o *Piquet*, baralho bastante popular utilizado por Etteilla para fundamentar suas teorias e práticas de cartomancia), conforme temos no início do nosso livro. É difícil, num primeiro momento, precisar a qual Moreau se refere Papus. Poderia referir-se a Moreau de Dammartin, mencionado com frequência por Lévi e depois por Papus, autor de *Origine de la forme des caractères alphabétiques de toutes les nations, des clefs chinoises, des hiéroglyphes égyptiens etc.* [Origem das formas dos caracteres alfabéticos de todas as nações, dos ideogramas chineses, dos hieróglifos egípcios etc.], de 1839, no qual associa o tarô a sinais gráficos e atribui as cartas a constelações. O livro contém tabelas de símbolos e arcanos projetados em cartas celestes. Aliás, quem evoca Dammartin e sua importância à fortuna crítica do tarô é Eugène Caslant (1865-1940), astrólogo francês, no ensaio de abertura de *Le Tarot de Marseille* (O Tarô de Marselha), livro importante de Paul Marteau (1885-1966), um dos mais influentes *cartiers* da França e responsável pela Casa Grimaud, uma das principais exportadoras do tarô de Marselha no século passado, sendo que uma das mais importantes restaurações do Tarô de Marselha é a que leva seu nome (Grimaud-Marteau), de 1930, fielmente reproduzida na obra *O Tarô de Marselha*, de Carlos Godo, publicada pela Editora Pensamento.

Mas o Moreau de Papus é, de fato, um renomado cartomante, ainda que seus dados biográficos permaneçam obscuros. No *Dicionário Infernal* de Collin de Plancy, publicado em 1818, há um breve verbete sobre Moreau, creditado como quiromante, famoso entre os ocultistas do século XIX. Papus também o citará em *Qu'est-ce que l'occultisme?* [O que é o Ocultismo?], obra de 1900, destacando dois de seus consulentes: o escritor Gabriel Naudé e Napoleão Bonaparte. Em relação a este último, a Moreau é atribuída a previsão de sua queda.

Quando se fala em *O Tarô Adivinhatório* de Papus, um dos ocultistas mais atentos às relevâncias e às efervescências de seu tempo, falam-se em desdobramentos. Não à toa ele adiciona à obra *O Livro de Hermes*, sua versão dos estudos de Paul Christian sobre os Arcanos Maiores e suas supostas origens mágicas, rastreáveis até o Egito. Foi Christian, aliás, quem deu às cartas o termo "arcano", associado aos mistérios de Ísis-Urânia, desvelando os caminhos para conceber o tarô como um caminho iniciático. Ainda que sirva como manual de consulta à simbologia das lâminas, os textos transcritos de Christian, fundador da estética egípcia atribuída ao tarô, influenciou diretamente o autor francês Robert Falconnier, que publicou *Les XXII Lames hermétiques du tarot divinatoire: exactement reconstituées d'après les textes sacrés et selon la tradition des mages de l'ancienne Égypte* (*As 22 Lâminas Herméticas do Tarô Adivinhatório: Reconstituídas exatamente de acordo com os Textos Sagrados e a Tradição dos Magos do Egito Antigo*), em 1896. O livro traz encartado o primeiro tarô egípcio já produzido, assinado pelo ilustrador e fotógrafo Maurice Otto Wegener. Com essa publicação inovadora, em uma época marcada pelo crescente interesse cultural e esotérico pelo Egito, Falconnier acredita ter decodificado o verdadeiro tarô a partir das raízes iconográficas descritas por Christian.

Os exemplos de Moreau, Christian e Falconnier são mencionados para mostrar quão longe podemos ir com uma simples menção de Papus. John Michael Greer, autor do excelente *Dicionário Enciclopédico do Pensamento Esotérico Ocidental*,[43] obra também de grande valor para este trabalho, sugere, em um prefácio a outro clássico de Papus,[44] que nunca é seguro abordar um texto ocultista presumindo que seu primeiro significado seja o único ou o mais importante. Levando em conta essa regra, todo e qualquer contato com esses escritos de Papus, ainda que citando outros nomes aparentemente obscuros, significa o contato com o sagrado por meio dos símbolos e das práticas com esse instrumento único que é o tarô.

O leitor deve levar em consideração que o estudo desta obra, assim como de qualquer outra assinada por Papus, jamais será simples ou inocente. A cada página, abrem-se portas para outras teorias, nomes e ideias, e seu intuito é claro:

---

[43]. São Paulo: Pensamento, 2012.
[44]. *Tratado Elementar de Ciências Ocultas*. São Paulo: Pensamento, 2021. Obra fundamental para compreender melhor as teorias de Papus a respeito das supostas raças humanas, que em seu tarô se aplicam, por exemplo, às cores de pele e cabelo dos Arcanos Menores. O prefácio de John Greer ajuda a compreender o contexto e o propósito das alegações de Papus.

difundir um baralho que, na verdade, é um repositório absoluto das ciências esotéricas, baseado no pensamento vigente na época e na intenção de vigorar como legado respeitoso e coerente de toda a sabedoria do passado. Longe de qualquer presunção de se assumir como único ou mais poderoso que outros – costume tão frequente até mesmo em nossos dias, com publicações arrogantes e autores iluminados pela autoilusão de superioridade –, há de ser dito quão generoso é Papus em suas propostas e em seus métodos. Por mais obscuros ou esotéricos que possam parecer ao leitor do século XXI em alguns momentos do texto, eles em nada comprometem a obra. Prova disso é um detalhe que não passa despercebido e merece comentário: se em *Le Tarot des Bohémiens* a folha de rosto trazia a restrição estratégica "À l'usage exclusif des initiés" ["para uso exclusivo dos iniciados"], conferindo importância ao conteúdo e repelindo curiosos mal-intencionados, em *Le Tarot Divinatoire* essa proibição simbólica foi substituída pela atraente descrição do tarô: "Le Livre des Mystères et les Mystères du Livre", perpetuado por Antonio Olívio Rodrigues: "O livro dos mistérios e os mistérios do livro", disponíveis a toda e qualquer pessoa interessada em seus símbolos e procedimentos de leitura.

Num primeiro momento, os inúmeros atributos das combinações de cartas, provavelmente estranhas ao leitor contemporâneo, justificam-se pelo *modus operandi* de Papus: conciliar a profundidade das teorias antigas com a precisão da experimentação moderna e, assim, oferecer inúmeros exemplos para melhores resultados. Porque a arte do tarô sempre foi, é e será baseada no estudo ininterrupto, e ele pressupõe a prática constante. Essa noção é adquirida quando se percebe o círculo real de pessoas, contribuições, testes e menções que se abre quando se leem atentamente essas páginas, e que, ainda assim, vai muito além delas.

O próprio Antonio Olívio Rodrigues recomenda que a "cartomancia deve ser explicada com simplicidade e clareza, sem exigir do leitor nada além de atenção e capricho, para que o tarô ofereça respostas e firmes orientações às mais importantes questões da vida". É com esse pensamento que o leitor deve se aproximar deste livro e do seu baralho, independentemente das mais variadas publicações existentes no mercado, que prometem ser mais fáceis e eficazes, quase desdenhando do estudo necessário dos sistemas anteriores. O ofício sempre empenhado – como ocorre na prática alquímica – de reeditar ou resgatar um livro antigo de tarô é o de honrar a própria cartomancia e manter vivos todos aqueles que jamais mediram esforços para assumir sua validade e sua profundidade. Esse era o propósito de Papus e continua sendo seu legado por meio desta edição histórica.

Também não se engane quem o julga austero ou pretensamente superior em razão de seu currículo e de sua extensa bibliografia. Deve-se ressaltar que uma de suas fixações era a de que uma postura amorosa e sinceramente bem-intencionada faz do buscador excelente praticante, e isso se estende a quem se aproxima do tarô com o intuito de compreender melhor a vida e o destino e, sobretudo, de ajudar a quem precisa de maneira sensata e humilde, que, por si só, é sábia. É que "ser adivinho", segundo Éliphas Lévi, conforme a força da própria palavra, é, pois, "ser divino, e alguma coisa mais misteriosa ainda".[45] Papus demonstra fidelidade a essa colocação, ceifando qualquer descaso ou desprezo pelo termo "adivinhação", que merece estudo sério desde a etimologia. E seu mistério, conforme se pratica o tarô, é o próprio leitor quem desvenda.

A proposta desta edição histórica não se resume à celebração da idade, da resistência e da atualidade da obra. Também intenta renovar o interesse por meio do esclarecimento minucioso de suas origens, referências e aplicações, mostrando a relevância de sua concepção na época em que surgiu e a importância que continua tendo para o presente e que terá para o futuro.

A prova da grandeza, da relevância e da resistência de *O Tarô Adivinhatório* sempre esteve à disposição do interesse brasileiro graças a Antonio Olívio Rodrigues, primeiro compilador e genial coautor de Papus. Também é dele a definição do tarô que serve de título a este posfácio, tomada de uma antiga apresentação da obra. Sem a vontade e os esforços desse astrólogo, cuja história pessoal é paralela à do Grupo Editorial Pensamento[46] e que tornou possível a edição do livro e do baralho de tarô mais antigos da história do país, certamente não seria possível celebrar Papus, um dos mais prolíficos ocultistas do século XIX.

Mas é preciso ressaltar essa resistência de *O Tarô Adivinhatório*. Foram várias versões que a obra de Papus teve desde o lançamento. Uma delas, bastante rara, é a edição russa de 1925, e a outra é uma releitura do artista plástico italiano Bruno Sigon, de 1912, acompanhada de um manual intitulado *Il Destino Svelato dal Tarocco*, depois relançada como *Cartomanzia 184*, em 1975 – ambas publicadas pela casa Modiano, de Trieste. Nas Américas, o baralho foi rebatizado como *Cagliostro Tarot*, em 1981, pela U. S Games. Ainda que conservem alguns de seus

---

45. O clássico *Dogma e Ritual da Alta Magia*, de Éliphas Lévi (São Paulo: Pensamento, 2021), é obra fundamental para a compreensão do pensamento mágico sobre o tarô.
46. Para saber mais, ler *"O Pensamento" em Evolução*, de Adilson Silva Ramachandra. São Paulo: Pensamento, 2010.

significados e atributos alfabéticos e numéricos, essas versões se distanciam consideravelmente dos 78 arcanos presentes em Le Tarot Divinatoire. E é preciso ser dito, com grande satisfação, que apenas uma edição em todo o mundo é considerada a mais fiel ao original de Papus e Goulinat: a brasileira, de Antonio Olívio Rodrigues, cujos esforços mantiveram intactos os dados das cartas, ainda que com as devidas adaptações,[47] que contribuíram para honrar e perpetuar tanto os traços originais do artista quanto o sistema prático de cartomancia de seu idealizador.

Se uma obra ilustrada resiste, muito se deve ao artista. Goulinat também foi um escritor prolífico. Além de ter assinado obras sobre técnicas de pintura e manuais para artistas plásticos, foi diretor de departamentos de restauro em vários museus de Paris e cumpriu muito bem seu trabalho. Foi eleito, ainda, presidente da Sociedade dos Artistas Franceses de Paris, em 1959. Há um dado curioso e não menos importante sobre a relação de Goulinat com o tarô: foi o amigo e médico Gerard Encausse quem diagnosticou o câncer de sua esposa, e foi o ocultista Papus, seu contratante, quem previu a morte dela.[48] Todos esses detalhes, permeados de mistério e magia em plena relação com a realidade, são relevantes para assentar a importância de O Tarô Adivinhatório à história do tarô, à história da Editora Pensamento e à história de cada pessoa, no Brasil, que já se interessou e que venha a se enveredar pelos caminhos que o oráculo vai abrindo e bifurcando. Quem lê essas cartas hoje se conecta com todos aqueles que já as leram e, mais ainda, com quem as criou. Essa é uma das magias da cartomancia: as relações atemporais que o destino embaralha e revela em nossa vida.

Como pesquisador e leitor de tarô, também tenho certeza de que, sem as inestimáveis contribuições desta editora, o tarô no Brasil não teria sido difundido com persistência e qualidade nem se estabelecido como digna ferramenta oracular de respeito, tal como preconizavam os ocultistas franceses. Minha própria carreira também deve muito aos encontros, sempre auspiciosos, com obras como O Tarô de Marselha, de Carlos Godo, e o próprio O Tarô Adivinhatório. É uma

---

[47]. Essa informação, de vital importância ao público brasileiro e aos entusiastas de O Tarô Adivinhatório e das obras de Papus, é assegurada pelo escritor e pesquisador italiano Giordano Berti em Storia dei Tarocchi (Mondadori, 2007).
[48]. Informações de Anne-Marie Goulinat (1908-1975), autora de uma obra sobre seu pai, em depoimento a Michael Dummett, Ronald Decker e Thierry Depaulis, presente em nota no livro A Wicked Pack of Cards: Origins of the Occult Tarot (Bristol Classical Press, 1996).

grande honra para mim, como tarólogo, escritor e, sobretudo, como leitor atento de um antigo exemplar de *O Tarô Adivinhatório* (o de capa marrom, encontrado na caixa original, com o baralho completo, em uma feira de antiguidades), cumprir essa missão a convite de Adilson Silva Ramachandra, editor do Grupo Editorial Pensamento e curador do projeto de resgate de obras históricas como essa na editora. Se este livro tem sido um fenômeno editorial sem precedentes no país, publicado e reeditado ininterruptamente desde 1920, a nova versão, retificada, fruto de esforços genuínos de toda a equipe editorial, é, com toda certeza, um novo marco na história do tarô no Brasil.

Ao me aprofundar mais uma vez nesta obra, na altura dos meus 35 anos, é inevitável me deparar comigo mesmo aos 15, perdido entre as diversas disposições e combinações de cartas, a princípio enigmáticas, presentes em um livro de tarô aparentemente sem autoria. Agora em versão definitiva, com a talentosa praticidade de Antonio Olívio Rodrigues, sempre aclamada pelo público brasileiro, e o sábio entusiasmo de Papus em um texto direto e apropriado às gerações atuais e futuras, ambos sorrimos, um ao outro, diante dessa maravilhosa edição de *O Tarô Adivinhatório*. E com o encanto absoluto que as cartas sempre nos causam.

São Paulo, verão de 2022.

Sobre o Autor

PAPUS – Doutor Gérard Encausse

Papus nasceu em 13 de julho de 1865 em La Coruña (Espanha), de pai francês, o químico Louis Encausse, e mãe originária de Valladolid, também na Espanha. Gérard-Anaclet-Vincent Encausse passou a infância na colina de Montmartre, em Paris, para onde os pais se mudaram em 1869.

Estudou em excelentes escolas e se inscreveu na Faculdade de Medicina. Aluno brilhante, abandonou a residência no hospital para se consagrar ao estudo aprofundado das ciências ditas "ocultas". Assinava a maioria de seus textos com o célebre pseudônimo "Papus" ("o médico da primeira hora"). Seu primeiro livro foi publicado em 1884, quando ele tinha apenas 19 anos. Quanto ao pseudônimo, ele o tomou da obra *Nuctemeron*, de Apolônio de Tiana, que descobrira graças ao primeiro mestre (a título póstumo): o grande ocultista Éliphas Lévi, cujas obras lera com especial atenção.

Filósofo, erudito, autor estimado, palestrante hábil e divertido, Gérard Encausse Papus era muito ativo. Com razão, foi considerado "o Balzac do ocultismo" e se destacou por divulgar o tema tanto na França quanto no exterior. Somente a lista completa de suas publicações comporta 160 títulos, sem contar as inúmeras traduções de suas principais obras. Acrescentem-se a isso suas qualidades de terapeuta (alopatia, homeopatia, medicina espiritual), sua extraordinária e estranha "intuição", sua grande bondade, seu desejo constante de ajudar o próximo, seu amor fervoroso por Nosso Senhor Jesus Cristo – após seu encontro com Mestre Philippe, de Lyon – e sua humildade, e vocês terão, amigos leitores, nessas linhas respeitosamente dedicadas a meu saudoso pai, uma ideia de quem foi esse homem de coração, de dever e de ação em sua última passagem por esta terra.

Médico responsável por uma ambulância na linha de frente em 1914-1915, não mediu despesas para cuidar dos feridos, quer fossem franceses, quer alemães, é claro. Exausto, mortificado moral e fisicamente e esgotado por um esforço considerável, ao qual se acrescentava uma atividade intelectual e física de mais de trinta anos, foi mandado para a retaguarda, hospitalizado e, após uma nova designação, restituído à vida civil. Contudo, era tarde demais. Em 25 de outubro de 1916, ao se consultar com o colega e amigo, o professor Émile Sergent, grande nome da medicina francesa, desmaiou pouco após sair do hospital, vencido por grave doença pulmonar. Morreu onde começara a carreira de médico, no Hospital La Charité, vítima de seu espírito de sacrifício, de seu senso de dever, de sua total abnegação com todos aqueles que, crentes ou não, se encontrassem em aflição física ou moral e que nunca deixaram de ser atendidos tanto pelo "bom doutor" quanto pelo filósofo. Fundador e presidente da "Ordem Martinista", era dotado de esplêndidas intuições e de grande talento como organizador, divulgador e *Adepto*, o máximo grau da iniciação.

> DOUTOR PHILIPPE ENCAUSSE (1906-1984)
> Fillho de Papus, foi médico, autor, maçom, esoterista e martinista.

Sobre Antonio Olívio Rodrigues

Em 1890, com apenas 11 anos, Antonio Olívio Rodrigues deixou sua aldeia em Portugal e desembarcou na cidade de São Paulo. Tornou-se o fundador e primeiro editor da Editora Pensamento, que deu origem ao atual Grupo Editorial Pensamento. Estudioso e autodidata incansável, Antonio Olívio fundou a primeira ordem esotérica do país, o *Círculo Esotérico da Comunhão do Pensamento*, e se tornou o primeiro astrólogo do Brasil a possuir um consultório dedicado a ensinar às pessoas os segredos dos astros aplicados ao destino. Nesse local – uma saleta da própria casa –, ele iniciou, já em 1907, a comercialização dos primeiros mapas astrais de que se tem notícia em nosso país.

Seu interesse pela Astrologia resultou da insaciável busca por novas leituras. Ao perceber que poucas obras do gênero eram traduzidas para o português, Antonio Olívio logo pensou na possibilidade de um intercâmbio de ideias com as várias sociedades espiritualistas, surgidas no fim do século XIX na Europa. Entre elas, escolheu três: a Ordem Martinista, a Ordem Rosacruz e a Sociedade Alquímica da França, com as quais começou a se corresponder.

O Primeiro Consultório de Astrologia do Brasil

De Paris, ele recebia os periódicos *L'Initiation*, *Le voile d'Isis* e *La vie Mystérieuse*. A partir das obras de F. Ch. Barlet, grande astrólogo e mestre do esoterismo no século XX, AOR, como ficou conhecido nos meios espiritualistas, começou a estudar cálculos astrológicos, algo bastante difícil para um rapaz que pouco contato tivera com o assunto até aquele momento. Pioneiro como era, teve a ideia de comercializar horóscopos. Passava noites em claro, trabalhando e estudando de maneira árdua e empenhada, às vezes por até 16 horas diárias. Após muito esforço, não tardou a perceber que a exatidão de seus cálculos comprovava as predições anunciadas. Alguns amigos ficaram surpresos com sua "estranha faculdade", pois, por meio de seus mapas, ele conseguia adivinhar o passado e – o que é mais assombroso – predizer o futuro! Assim, pessoas dos mais diversos tipos e classes sociais começaram a procurá-lo: intelectuais, céticos, advogados, médicos, curiosos, desiludidos e sofredores, bem como os detratores e maldizentes, o que ajudou a tornar seu nome conhecido. Em seguida, Antonio Olívio deu o nome de **Brasil Psychico-Astrológico** a seu consultório e tornou-se o primeiro astrólogo do Brasil a comercializar mapas astrais.

Sem dúvida houve astrólogos no Brasil antes dele, mas eram jesuítas ou maçons pertencentes à corte portuguesa, e a comercialização de mapas astrais anteriores ao projeto de AOR é desconhecida dos estudiosos da história da Astrologia no Brasil.

Os Primeiros Periódicos Dedicados à Astrologia e ao Esoterismo

Com o lançamento de um jornal de poucas páginas, intitulado *O Astro* – primeiro periódico voltado à Astrologia em nosso país –, Antonio Olívio divulgou o consultório *Brasil Psychico-Astrológico* e fez de tudo para promover seu nascente empreendimento por meio de uma série de ideias, como a distribuição massiva de panfletos em bares, restaurantes e nas famosas e elegantes confeitarias do centro de São Paulo. Após essas aventuras iniciais, começou a imaginar uma forma ainda mais ousada de divulgação como estratégia para promover seu trabalho. Com o surto de periódicos independentes que surgiram na virada do século XIX para o XX, o jovem astrólogo pensou, então, em seguir o formato da mídia popular vigente e lançou uma revista de estudos esotéricos. Um delírio completo para a época! Com a ajuda de amigos, intelectuais e de um empréstimo de 100 mil réis, em 1º de dezembro de 1907 nasceu a revista *O Pensamento*, única no gênero naquele momento (e por muito tempo), por tratar exclusivamente desse tema. A tiragem inicial foi de 6 mil exemplares, enorme para a época. Quanto ao jornalzinho *O Astro*, ele se tornou suplemento da revista.

A Fundação da primeira Ordem Esotérica do Brasil

Em consequência da boa aceitação, Antonio Olívio redobrou os esforços para divulgar seus ideais e seu grande interesse pelo ocultismo. Desse modo, no número 3 da revista – de fevereiro de 1908 e que já contava com duas centenas de assinantes –, lançou a luminosa ideia de formar uma fraternidade dedicada aos estudos psíquicos. A "comunhão do pensamento", com a formação de uma cadeia mental para a vibração de ondas pensantes e irradiadoras de paz e harmonia entre os homens, foi acolhida com grande entusiasmo pelos leitores.

Mas as ideias para a efetiva formação da fraternidade só foram expressas na edição de dezembro de 1908, na qual se publicou o seguinte texto:

> *Conserva-te firme no caminho da vida; arroja para longe de ti os pensamentos de orgulho, vaidade e egoísmo e espera tranquilo o abrir-se a porta do teu templo para serem revelados os mistérios da tua existência. De todas as partes temos recebido comunicações dos benéficos efeitos do Círculo do Pensamento. Aos nossos irmãos em pensamento enviamos nossos pensamentos de paz e harmonia.*

As adesões foram tantas e cresceram em ritmo tão animador que, em 27 de junho de 1909, Antonio Olívio fundou, de fato, o Círculo Esotérico da Comunhão do Pensamento, primeira ordem ocultista do Brasil. Até aquele momento, os poucos grupos existentes não passavam de centros de estudos quase fechados, de caráter doméstico, não voltados ao público em geral. Ao contrário do Círculo, contavam com afiliações pagas e estatuto próprio. Propondo-se a estudar as forças ocultas da natureza e do homem e a promover o despertar das energias criadoras latentes no pensamento de cada um de seus membros, a nova agremiação adotou como divisa as luminosas palavras: HARMONIA, AMOR, VERDADE e JUSTIÇA. Cada uma delas valia por todo um programa de elevados ensinamentos esotéricos e exotéricos.

O Surgimento da Editora Pensamento

Por meio de suas pesquisas, Antonio Olívio desenvolvera grande interesse pelo estudo do magnetismo pessoal, "ciência" quase completamente ignorada no Brasil, e foi com muita vontade de aprender que o jovem de 27 anos entrou em contato com Hector Durville, do Institut Magnétique de France. Em 1908, obteve o diploma de magnetizador por correspondência. Era seu segundo diploma naquele ano, pois já conseguira outro do Institute of Science, de Rochester, no Estado de Nova York. Por ser a primeira pessoa a obter tais títulos no Brasil, tornou-se notícia e recebeu os parabéns dos jornais.

Em 1907, muito entusiasmado com o livro de seu mestre, *Magnétisme Personnel ou Psychique*, Antonio Olívio pediu a Hector Durville autorização para traduzir e publicar a obra. Assim que obteve o consentimento, procurou Genésio Rodrigues, que, além de amigo e grande iniciador nas artes ocultistas, era fluente em francês. Para publicar o que seria o primeiro livro da "Empresa Editora O Pensamento", nosso futuro editor precisou fazer uso de suas magras economias. Fundada em 26 de junho de 1907, essa era a primeira editora da América Latina voltada ao esoterismo, a obras sobre filosofia espiritualista e oriental, bem como a livros sobre desenvolvimento pessoal e de autoajuda.

A Origem do *Almanaque do Pensamento* e sua Longevidade

O sucesso de seu trabalho e o interesse pela Astrologia eram tão grandes que, em agosto de 1912, com a ajuda de colaboradores da Editora e do Círculo Esotérico, ele lançou o *Almanach d'"O Pensamento" Scientífico, Astrológico, Philosóphico e Literário, ornado com numerosas gravuras*. Com tiragem de 20 mil exemplares (enorme para a época), o novo periódico foi distribuído em todo o país, e em março de 2013 ganhou uma reimpressão para atender à demanda, que cresceu ano após ano e hoje é a mais antiga publicação de Astrologia editada ininterruptamente desde aquela época. Somadas, suas mais de 100 edições já venderam mais de 25 milhões de exemplares e ajudaram a divulgar, de forma popular, os principais conceitos da Astrologia em nosso país.

Grupo Editorial Pensamento: O Legado de AOR

Antonio Olívio Rodrigues faleceu em 24 agosto de 1943 por diversos problemas de saúde, deixando um legado que culminou no que hoje constitui o Grupo Editorial Pensamento, empresa do mercado editorial voltada à publicação de obras sobre a espiritualidade universal, a mente, o corpo, o espírito, o ocultismo, o esoterismo, a Astrologia e o tarô.

Além da Editora Pensamento, a empresa detém mais três selos editoriais: a Editora Cultrix, fundada em 1956 por Diaulas Riedel – que era casado com a neta de Antonio Olívio Rodrigues –, especializada em obras sobre ciências humanas, administração, marketing, desenvolvimento profissional, negócios, história, medicina complementar e obras de autoajuda; a Editora Seoman, dedicada a obras voltadas à cultura *pop*, a biografias e memórias sobre música, cinema e moda, bem como a reportagens sobre a atualidade e a ensaios históricos; e a Editora Jangada, selo especializado em livros de ficção histórica, literatura fantástica, ficção científica para jovens leitores, *thrillers* e temas do universo feminino.

De imigrante sonhador com recursos limitados a grande empresário das letras voltadas ao desenvolvimento humano, Antonio Olívio provou que, com força de vontade, firmeza de alma, determinação e confiança nas próprias ideias, os sonhos podem tornar-se realidade, e todos nós podemos deixar um legado para gerações futuras, seja por meio de nossa própria família, seja mediante nossa comunidade, cidade ou, mais além, em evolução contínua, rumo a um mundo em constante transformação.

ADILSON SILVA RAMACHANDRA
editor do Grupo Editorial Pensamento, pesquisador da história do esoterismo ocidental e autor do livro *Pensamento em Mutação: 1907-2007, A Trajetória de Uma Editora*, que conta a história da Editora Pensamento em seus primeiros 100 anos.

Sobre os Prefaciadores

Constantino K. Riemma

Constantino K. Riemma é pedagogo de formação, escritor e organizador do site *Clube do Tarô*, o maior repositório brasileiro de estudos sobre o oráculo e outras linguagens simbólicas. Seu interesse pela sabedoria dos ensinamentos tradicionais teve início nos anos 1970, com a descoberta do I Ching. É tradutor de importantes obras esotéricas como *Os Símbolos da Ciência Sagrada*, de René Guénon, *A Linguagem das Cores*, de René-Lucien Rousseau, e *O Homem e os Imponderáveis*, de P. Oudinot e A. Gueret, todos publicados pela Editora Pensamento. Desde a década de 1980, dedica-se inteiramente ao I Ching, à Astrologia e ao Tarô, estabelecendo várias parcerias para a realização de cursos e eventos. Além das consultas individuais e dos cursos básicos de apresentação do Tarô, promove sessões de estudo sobre os Arcanos Maiores e Menores, sessões de supervisão de tiragens, cursos e seminários sobre abordagens particulares de alguns autores como Oswald Wirth, G.O. Mebes e Sallie Nichols.

www.clubedotaro.com.br
www.iching.com.br

Leo Chioda

Leo Chioda é escritor e um dos principais tarólogos em atividade no Brasil. Graduado em Letras pela Universidade Estadual Paulista, também estudou na Università degli Studi di Perugia, na Itália, onde iniciou seus estudos de iconografia do tarô. Sua tese de doutorado direto na Universidade de São Paulo é sobre poesia e alquimia. Assina o *CAFÉ TAROT* desde 2006, considerado um dos blogues mais influentes do Brasil, com associações entre os arcanos e a cultura popular, a literatura, a música e o cinema. É um expoente da cartomancia nas redes sociais e o especialista em Tarô do portal Personare, sendo autor de cursos, palestras, artigos e produtos sobre o oráculo. Também contribui com análises e matérias para diversos veículos, como Horóscopo etc., Jornal Metro, Claudia, Capricho e Bons Fluidos.

www.cafetarot.com.br
@cafetarot